12. −

H.E. Lauer und M. Widmer
Ignaz Paul Vital Troxler

Hans Erhard Lauer
Max Widmer

Ignaz Paul Vital Troxler

Verlag Rolf Kugler

© Verlag Rolf Kugler, CH 6317 Oberwil b. Zug, 1980
Alle Rechte vorbehalten
Satz: Bembo 10/12
Gesamtherstellung ARPA-Druck, Langnau/Zürich

ISBN 3-85768-025-3

Verlagsauslieferung:
H.R. Balmer AG, Neugasse 12, CH 6300 Zug
Martin Sandkühler, Paracelsusstr. 26, Pliningen/7000 Stuttgart

Inhalt

Vorwort

Am 17. August 1980 feiert Beromünster den 200. Geburtstag *Ignaz Paul Vital Troxlers.* Der Gefeierte ist eine der vielseitigsten und originellsten Persönlichkeiten der Schweiz des 19. Jahrhunderts, gleichbedeutend als Arzt, Lehrer, Philosoph und Politiker. Seinem Andenken ist das vorliegende Buch gewidmet.

Die Schrift enthält im ersten, umfangreichern Teil Troxlers Lebensgang mit zahlreichen Zitaten aus seinen Briefen und Buchveröffentlichungen. Der leichtern Lesbarkeit wegen verzichtete der Autor, *Max Widmer,* auf Quellenangaben. Sein Anliegen war, aus 40-jähriger Beschäftigung mit Leben und Werk Troxlers ein lebendiges Bild dieser imponierenden Persönlichkeit zu schaffen. Dem Basler Schriftsteller Dr. *Hans Erhard Lauer* verdanken wir eine prägnante Abhandlung über den Philosophen Troxler. Er starb am 17. Juni 1979, kurz nach Abschluss seines Beitrages, im 80. Lebensjahr. Sein Lebenswerk war in besonderer Weise mit Troxler verbunden, war doch bereits seine Doktordissertation dem bedeutenden Philosophen gewidmet.

Trotz seiner historischen Dimension kommt dem Troxler-Buch Aktualität zu. – Wir bemühen uns um eine Totalrevision der Bundesverfassung – da lohnt es sich, Troxlers Ideen zur Bundesverfassung 1848 zur Kenntnis zu nehmen. Wir stehen in der Auseinandersetzung um ein neues Menschenbild – von Troxler liegen tiefschürfende Werke über das Wesen des Menschen vor. Wir laufen Gefahr, uns in dem auf Spezialisierung angelegten Tagesgeschehen zu verlieren – und finden in Troxler das Vorbild einer umfassenden, zugleich nach innen und aussen gerichteten Persönlichkeit.

Als ein gutes Vorzeichen für die freundliche Aufnahme des Buches betrachte ich die spontane Bereitschaft der Einwohner-, der

Bürger- und Korporationsgemeinde Beromünster, mit finanziellen Beiträgen an den Druck den Verkaufspreis niedrig zu halten. Ihnen gilt ein herzlicher Dank, wie auch den Kantonsregierungen von Luzern, Aargau, Basel-Stadt, Basel-Land, Bern und der Stiftung Pro Helvetia für die wohlwollende Prüfung entsprechender Gesuche. Danken möchte ich ferner dem Schloss-Archiv Beromünster, der Universitätsbibliothek Basel und der Zentralbibliothek Luzern für die zur Verfügung gestellten Dokumente. Die Autoren und der Verlag wissen sich auch allen Persönlichkeiten verbunden, auf deren Nachforschungen über Troxler sie sich stützen konnten. Ein besonderer Dank gilt der ARPA-Druckerei für die rasche und schöne Herstellung des Buches.

Oberwil, Ende Mai 1980   Der Verleger

Max Widmer

Troxlers Lebensgang

Kindheit und Jugend in Beromünster, St. Urban, Solothurn und Luzern

Es gibt Biographien, bei denen schon der Geburtsort einen charakteristischen Strich zum Lebensgemälde beiträgt. So ist es mit Troxlers Geburtsort Beromünster im Kanton Luzern: Mitten in der Schweiz gelegen, für deren Idee und Schicksal er sich dereinst voll verantwortlich fühlen wird, unweit von deren Marathon (Schlachtfeld von Sempach), gleichweit entfernt von den sanft gewellten Waldketten des Juragebirges wie von den firnschneeglänzenden Felsenzacken der Alpen. Diese beiden Hauptcharakterzüge der Schweizer Landschaft sind von Beromünster aus frei sichtbar. Auch die beiden späteren entscheidenden Wirkungsorte Luzern und Aarau liegen symmetrisch zu Beromünster, der eine südwärts am Fusse der Alpen, der andere nordwärts am Fuss des Jura. Als kleiner stiller Ort, abseits der grossen Handels- und Verkehrsstrassen, liegt Beromünster in flacher Hügelmulde, grosszügig geöffnet nach allen Himmelsrichtungen, umgeben von sehr lieblicher und zugleich sehr fruchtbarer Natur. Wiesen und Äcker, Hausgärten und Obstanlagen wechseln in buntem Gemisch mit Wäldern und Gebüschen, wohlgepflegt von einer bodenständigen und fleissigen Bauern- und Gewerbebevölkerung. Weit in die Vergangenheit zurück weist ein altes Chorherrenstift mit seiner auf Verinnerlichung angelegten religiösen musikalischen und künstlerischen Kultur, währenddem ein ganz anderes Faktum in die Zukunft und das tätige Leben weist: In Beromünster war 1470 die erste Druckerpresse der Schweiz eingerichtet worden. Vielleicht ist es kein Zufall, dass der schweizerische Landessender, diese neueste Form der technischen Kommunikationsmittel, gerade in Beromünster seinen Sitz bekam und so Troxlers Geburtsort zu einem der meistgenannten Orte der Schweiz wurde.

In Troxler werden wir eine Persönlichkeit begegnen, in der die beiden Grundrichtungen menschlicher Tätigkeit, die geistig-meditative, nach innen gerichtete und die willenshaft-tätige, nach aussen gerichtete mit ausserordentlicher Stärke auftraten. Troxler hat die Druckerpresse in ausgiebigstem Masse für seine Lebensleistung gebraucht und ihr die soziale Form wie kein Zweiter erkämpfen helfen: die Pressefreiheit als verfassungsrechtlich sichergestelltes Menschenrecht.

Am 17. August 1780 kam Troxler zur Welt. Beide Eltern entstammten alteingesessenen Familien. Der Vater war Schneider und führte einen Tuch- und Eisenladen, war ein Mann mit gesundem Verstand und Charakterfestigkeit. Nebenbei war er ein Bücherliebhaber und hielt sich eine kleine Bibliothek. Die Mutter war ohne eigentliche Bildung, aber von einer seltenen Geisteskraft, einem vortrefflichen, durch die Religion ernst gestimmten Gemüt, mit dem sie ein Beispiel von tapferer Aufopferung für die Familie gab, das auf unsern Erstgebornen, mit den drei Namen Ignaz, Paul, Vital allertiefsten Eindruck machte. Schon bald offenbarte sich in dem Kleinen sein Temperament, das ungemein rasch, laut und lebhaft sich äusserte. Er war mit seiner heftigen und offenen Natur ein richtiger Wildfang.

Wenige Monate nach seinem 6. Geburtstag traf die Familie völlig unerwartet ein Unglück. Der Vater war an die Herbsttuchmesse von Zurzach gegangen, erkältete sich auf der Heimreise und erlag innert weniger Tage einer Lungenentzündung, im Alter von erst 38 Jahren, eine Witwe mit 4 kleinen Kindern mittellos zurücklassend. Dieses Ereignis ergriff den Knaben mit derartiger Wucht, dass sein ganzes Gemüt eine tiefe Verwandlung erfuhr. Bevor wir darüber berichten, müssen wir erwähnen, dass wir von Troxler einen Lebensbericht über die ersten 20 Jahre seines Lebens haben, den er in seinem 50. Jahr abgefasst hat, im Januar 1830, kurz bevor er als ordentlicher Professor für Philosophie an die Basler Hochschule gewählt wurde. Er schrieb den Bericht nur widerwillig und bloss auf eine Aufforderung von aussen, da es ihm dabei vorkam, als sollte er lebendig begraben werden. Er machte scherzhaft die Bedingung, dass er noch fernerhin lebendiger Zeitgenosse bleiben dürfe. Woher der Auftrag kam, ist nirgends vermerkt, sodass nur vermutet werden kann, dass er in Zusammenhang steht mit seiner Wahl zum Professor in Basel. Dieser Bericht ist unschätzbar wertvoll, da er die interessantesten Aufschlüsse über den innern Werdegang des Knaben gibt. Da es genugsam erwiesen ist, dass Troxler über ausserordentliche Gedächtniskräfte verfügte, so kommt dem Bericht auch ein hohes Mass von Glaubwürdigkeit zu.

Im ganzen Jammer der verwaisten Familie und in der Not des in die Klemme geratenen kleinen Handelsgeschäftes bewies jetzt die Frau und Mutter eine Tatkraft und Hingabe, die ans Heroische grenzte, indem sie ihre Rettung in der Fortsetzung des Gewerbes und in der Aufopferung für ihre Kinder sah. Vital, ihr Ältester, wurde ihr Liebling und auf ihn setzte sie ihre ganze Hoffnung für eine spätere Hilfe in ihrem Gewerbe. Durch unermüdlichen Fleiss und äusserste Sparsamkeit sowie häufigen Besuch der Märkte in der Umgebung wusste sie ihr Geschäft auf die Höhe zu bringen und erwarb sich grosses Ansehen in Beromünster und Umgebung als eine Frau von unwandelbarer Rechtschaffenheit, der man unbedingt vertrauen konnte. Schwere Schicksalsschläge blieben ihr weiterhin nicht erspart. Sie verlor zwei ihrer Kinder durch frühzeitigen Tod, und unter zweien Malen wurd ihr Heimwesen durch Feuer zerstört, ein sehr merkwürdiges Omen, wenn man bedenkt, dass Troxler als Mann seine ganze äussere Existenz unter zwei Malen verlor.

In dem Knaben wurde durch das Todeserlebnis eine in seinem Wesen veranlagte grosse Seelentiefe vorzeitig aufgebrochen, was zur Folge hatte, dass aus dem lauten Springinsfeld ein zahmer, stiller, duldsamer, eingezogener und schüchterner Junge wurde. Der Mutter gegenüber war er von da an von inniger Liebe erfüllt, und er behandelte sie fortan mit einem zärtlichen Mitleiden. Mit welchem Zartgefühl er die Mutter umgab, zeigt folgendes Phänomen.

Im Alter von 9 Jahren schickte ihn die Mutter für seine erste Schulbildung in die Stiftsschule der Chorherren. Sein Taufpate, ein Geistlicher, war dort sein Lehrer. Dieser glaubte an ihm Vaterstelle einnehmen zu müssen und dies mit äusserster Strenge und tyrannischer Strafpädagogik. Der 50-Jährige erzählt rückblickend darüber: »Alles konnte ich ertragen, nur durfte die Mutter nicht erfahren, dass ich gestraft wurde, weil ich fürchtete, sie möchte einen Augenblick zweifeln, dass ich ihre Hoffnungen erfüllen und ihr eine Stütze werden würde. Sie erfuhr nie, wie grausam man in der Schule mit mir umgegangen, höchstens wenn ich nachts in Träumen aufschrie.«

Über den Tod des Vaters sagt Troxler, er stelle seine tiefste Rückerinnerung dar und sei der erste Gegenstand seines kindlichen Staunens und Nachsinnens gewesen. Der Eindruck war so stark, dass es ihm später schien, als habe er den Vater zum ersten Mal und sonst nie auf dem Sterbebett gesehen. In der leise sich ankündigenden Tiefe seines Wesens stand jetzt die ganze Rätselfrage der menschlichen Existenz vor seiner Seele. Zugleich erscheint ihm seine Kindheit und erste Jugend tief überschattet von diesem Ereignis, sodass er sagen muss: »Ich lernte die Welt nur in dem Hause kennen, das in Trauer versunken war und mit den ungünstigsten Umständen zu ringen hatte.«

Die Schule war eine wahre Klosterschule, in der man kaum etwas anderes als Latein lernte. Troxler zeigte bald eine lebhafte Auffassungsgabe und war unter seinen Mitschülern in jeder Beziehung der erste. Trotzdem hatte er stets die grössten Verweise und die härtesten Strafen auszuhalten. Die Schule wurde jeden Tag zweimal durch Kirchenbesuch unterbrochen und die Schüler hatten in allen liturgischen Formen im blauen Mantel zu assistieren und an Sonn-und Feiertagen auf der Orgel zu singen und zu geigen und an hohen Festtagen all die Zeremonien und Prozessionen mitzumachen. Troxler war mit ganzer Anteilnahme dabei und fand oft ein Requiem, ein Magnifikat, ein Gloria, Sanktus, Benediktus, Stabat Mater oder Amen unendlich schön. Bald wusste er alle Texte und Gesänge auswendig und hätte selbst den Zyklus der Kirchenordnung leiten können. Er lebte so stark darin, dass er zu Hause Altäre, Chöre und Orgeln aufbaute und Schulkameraden einlud, um zu singen und zu beten und dieses oder jenes Fest aufzuführen. Er fasste alles als ein theatralisch-musikalisches Spiel auf, wie es der kindlichen Art gemäss war.

Die häusliche Situation brachte es mit sich, dass er der Mutter den Laden hüten, Conti schreiben oder mit Aufträgen in den nächsten Dörfern herumlaufen musste und so früh zu einer für dieses Alter seltenen Menschen- und Lebenskenntnis gelangte und im Umgang und Verkehr sehr gewandt wurde.

Im Nekrolog seines ehemaligen Schülers und nachmaligen Freundes J.W.L. Aebi kann man lesen, Troxler habe die französische Sprache schriftlich und mündlich fast so gut beherrscht wie seine Muttersprache. In seinem Lebensgang kommt jedoch kein Aufenthalt im französischen Sprachgebiet vor, und seine Schulbildung bis zum 18. Altersjahr beruhte noch ganz auf der Tradition der alten Sprachen Latein und Griechisch. Moderne Sprachen gehörten noch nicht zur Allgemeinbildung. Wo also konnte Troxler sich die Kenntnis der französischen Sprache erworben haben? Das Rätsel löst sich auf Grund eines Passus in seiner kleinen Selbstbiographie auf schlüssige Weise. Troxler erzählt, wie er schon während seiner Schulzeit in Beromünster in allen Herbstferien mehrere Wochen im Kloster St. Urban verbracht habe, eingeladen von seinem Onkel, der dort Ordensmann war, ein geistreicher und freigesinnter Mann. In der Zelle des kränklichen aber lebensfrohen Paters lernte er von dem offenbar vielseitig Interessierten die Wunder der Elektrizität und vieles andere aus der Physik kennen. Der Mann hatte z.B. eine Einrichtung gebastelt, um sich selbst zu elektrisieren. War der Knabe Troxler nicht in der Zelle des Onkels, so studierte er in den Gängen die lange Reihe der Gemälde, auf denen die Geschichte der Kreuzzüge dargestellt war. Nicht minder interessierten ihn die Pflanzgärten und Geflügelhöfe, wie er denn ein Kind von lebhaftestem Interesse für alles, was um es herum vorging, gewesen sein muss. Er behauptete sogar, das Kloster St. Urban sei für ihn die erste Akademie gewesen, und in den Ferien habe er dort alljährlich oft mehr gelernt, als im ganzen darauffolgenden Schulquartal. Diesem Lerneifer gab noch ein besonderer Umstand reichlich Nahrung. Es war die Zeit der grossen französischen Emigration nach dem Ausbruch der Revolution 1789. Das gastfreundliche heitere Kloster habe von Prinzen und Grafen, Chanoines und Abbés gewimmelt.

Da der Knabe die Freundschaft des Abtes gewonnen hatte,

nahm ihn sein Onkel jeden Tag mittags und abends an die grosse offene Tafel mit. Da wurde er nun stiller Zuhörer aller Gespräche und Erzählungen dieser Emigranten und die französische Sprache umtönte aufs Lebhafteste die für Sprachen hochbegabten Ohren des kleinen Troxler. Diese Sprache machte ihm umsomehr grossen Eindruck, als die Flüchtlinge schwere dramatische Erlebnisse hinter sich hatten und voller Probleme waren und diese in der Geborgenheit des Klosters offen diskutieren konnten. Das allein würde allerdings noch nicht Troxlers umfassende Französisch-Kenntnisse erklären. In seinem autobiographischen Fragment gibt er uns aber weiteren Aufschluss. Er sei in seinem 12. Jahre (1792) nach Solothurn ans Gymnasium gekommen, um hier den Bildungsgang nach altjesuitischer Einrichtung folgerichtig anschliessend an die Stiftsschule Beromünster eine Stufe weiterzuführen (Grammatik und Syntax). An seinem Kostort führte ihn das Geschick wiederum zusammen mit der französischen Emigrantenwelt, war ja Solothurn schon seit langer Zeit der Sitz der französischen Gesandten und Diplomaten mit all ihrem Anhang bei der Eidgenossenschaft gewesen, und die Präsenz Frankreichs hatte hier ein besonderes Gewicht. Jetzt aber widerhallten die Strassen und Häuser Solothurns gleichsam von dem grossen Ereignis der Revolution, und Troxler erlebte sie in der unmittelbaren Begegnung mit den Flüchtlingen. Er erzählt, er habe hier nun spielend im Umgang mit den Emigranten und durch Lektüre der Tagesblätter Sprache und Sitte Frankreichs in sich aufgenommen. Wir haben also das ausserordentliche Phänomen, dass ein Knabe von 12-13 Jahren aus eigenem Antrieb, angeregt durch die Lebenssituation, in die er versetzt war, ohne jeden Unterricht eine ganze fremde Sprache lernt, ohne Zweifel ein Zeichen überragender Intelligenz, erstaunlicher geistiger Wachheit und Sprachbegabung. Das Erlernen der französischen Sprache war jedoch für Troxler nur ein Nebenprodukt. Vielmehr interessierte ihn das aktuelle historische Geschehen, dessen Wellen bis zu ihm brandeten.

Mit einem auf grenzenloser Wissbegierde beruhenden Fleiss machte er in den 2 Jahren in Solothurn die erfreulichsten Fortschritte. Was aber hier für sein ganzes Leben von bestimmender

Bedeutung wurde, spielte sich ausserhalb des Unterrichts in den Gesprächen mit den Flüchtlingen und in der Lektüre der deutschen und französischen Zeitungen ab. Er war nun nicht mehr der stille Zuhörer wie in St. Urban. Das grosse Ereignis der französischen Revolution wollte er jetzt denkend erfassen und in seiner allgemeinen Bedeutung verstehen. Er bemerkte in selbständiger Weise, dass es auch für sein Vaterland die einschneidendsten Folgen haben werde und sah die Entartung Europas und der Schweiz als auslösende Ursache der Revolution. In seiner Knabenseele erwachte die Freiheitsliebe, und eine tiefe Sympathie für die Ideale der Freiheit, Gleichheit und Brüderlichkeit und die daran sich knüpfenden grossen Hoffnungen aller Menschenfreunde ergriff ihn. Mit kindlicher Unbefangenheit nahm er am Tische teil an den Diskussionen, ergriff Partei und opponierte gegen die Marquis und Barone aus Frankreich. Er fand sogar ihren Beifall, obschon er sie angriff und ihre politischen Ansprüche bestritt. Da er noch ein Knabe war, liebten und schätzten sie ihn alle und nannten ihn »le petit patriote« oder »le jeune ami du peuple«.

Da er schon im Unterricht die Grundzüge der Geschichte Roms und der Schweiz und früher die Schicksale des israelitischen Volkes kennen gelernt hatte, wusste er diese Kenntnisse denkerisch mit den Problemen seiner Zeit zu verbinden und in prophetischer Fernsicht leuchtete in ihm seine zukünftige Mission in grossen Umrissen auf: der Kampf für Freiheit und Demokratie, und er bekennt: »Freiheit des Vaterlandes war meine erste Liebe.«

Dass ein Knabe von 12-14 Jahren schon derart bestimmt und sicher sich in den Strom des geschichtlichen Werdens seiner Zeit hineinstellte, ist etwas ganz Ausserordentliches. Alles deutet darauf hin, dass wir in ihm eine geistige Frühreife zusammen mit einem ausnehmend kräftig entwickelten Selbstbewusstsein anzuerkennen haben, wie es in der Regel erst in der Zeit vom 21. zum 28. Lebensjahr aufzutreten pflegt. In der kleinen Selbstbiographie ist denn auch – ein seltener Glücksfall für einen Biographen – der Vorgang der Ichgeburt auf eine so charakteristische Art geschildert, dass wir den Passus, der das Ereignis in einer der Ferien im

Kloster St. Urban, wahrscheinlich ums 12. Altersjahr herum, unübertrefflich schildert, hier wörtlich folgen lassen: »Eines Tages kam ich an der üblichen offenen Tafel in die Nähe des Prälaten und Kanzlers zu sitzen. Ich war betroffen, still, und errötete bei jedem Tritt eines Bedienten hinter mir und bei jedem Wort, das an mich gerichtet war. Der Kanzler weidete sich an der Verlegenheit des stillen und schüchternen Knaben und neckte mich auf alle Weise. Als es aufs Ärgste kam und ich vor Scham und Wut mich kaum mehr zu halten wusste, blickte mich der Prälat freundlich lächelnd an und ermunterte mich, doch nur zu sprechen. Das gleiche tat der Klosterarzt Ruckstuhl, neben dem ich sass, und verspricht, mir beizustehen. Und da brach ich los und antworte und antworte wieder, und zwar, wie man sagte, treffend und witzig, scharf und bitter, und mit einer Geläufigkeit und Stärke des Wortes, dass die ganze Gesellschaft still und aufmerksam ward, meine wirklich besiegten Gegner belachte und mir laut rauschenden Beifall gab. Das entschied für mein Leben. Jetzt war Scheu und Blödigkeit wie durch einen Zauber gebrochen und ich mir selbst gegeben, und frei bewegte ich mich fortan nach meinem eigenen Sinn und Trieb. Die Verwandlung war so auffallend für andere in der äussern Erscheinung wie für mich in meinem Selbstgefühl.«

Man muss diese Schilderung Satz für Satz nachempfinden, um nicht nur den Vorgang der Selbstfindung zu spüren, sondern, was für Troxler ebenso charakteristisch ist, auch zu bemerken, dass das Ichwesen sich in jenem Moment mit dem Sprachwesen in besonderer Weise verbunden hat. Der Satz »das entschied für mein Leben« ist genau zu nehmen, denn Troxlers ganzes Lebenswerk und seine Wirkung auf Zeit- und Nachwelt beruht auf dem Wort, auf dem gesprochenen wie auf dem geschriebenen Wort in der ganzen Tiefe und Kraft seiner vielschichtigen Bedeutung für die menschliche Kultur in ihrem Fortgang durch die Zeiten.

Dass Troxler im Erleben seines eigenen Ichs ein Frühreifer war, bezeugt er uns in einem weiteren Phänomen aus dem mittleren Knabenalter, wenn er schildert:

»Von dieser Zeit an fing ich an, in mir zwei Menschen inne zu werden, nicht aber, wie man gewöhnlich lehrt, einen guten und einen bösen, nein, einen, der ich selbst von mir aus war, und einen wozu mich andere gemacht hatten. Als jener war ich in mir selbständig, nur von meinem Innern abhängig und darin mich gerne vertiefend, dabei dann kühn, heiter, beweglich und unternehmend. Als dieser war ich unfrei und gedrückt, verschlossen, umsichtig, bedächtig, still und ganz nach den Umgebungen und Einflüssen gerichtet und bestimmt.« Unmissverständlich sagt dann Troxler, dass es darauf ankäme, dass nicht der erste Mensch, jener in sich Selbständige, in dem zweiten versinke, wie es den meisten geschehe. Wer aber kräftigerer Natur sei, lasse sich nur bis zu einem gewissen Grade komprimieren, und in einem bestimmten Wendepunkt des Lebens, hervorgerufen durch scheinbaren Zufall, wie es gerade ihm passiert war, werde er ein »Geretteter«, d.h. ein auf sich selbst Stehender.

Zur Zeit, als der Knabe so stark in der kirchlichen Liturgie lebte, sah jedermann in ihm einen Geistlichen voraus, und er selbst sah dies vorübergehend als das höchste Strebensziel. Aber ein »geheimer gewaltiger Trieb« nach einer andern Richtung machte diesem Ziel bald ein Ende. Es war der mächtige Zug nach der Natur und der Welt. Mit gleich grosser Freude, wie er die geistlichen Offizien verrichtete, irrte er im Walde herum, lag an einem Bach, bestaunte den blauen Himmel und freute sich innig über Berge, Täler; Tierwelt und Pflanzenwelt sprachen ihn an, und es regten sich Fragen nach der Ordnung und Entstehung der Welt. Niemand sagte ihm etwas darüber, und er schämte sich, zu fragen. Er begann selbst, Erklärungen zu finden, und vor allem stürzte er sich jetzt in eine ausgedehnte Lektüre von Reisebeschreibungen, Geschichtsbüchern, Romanen und Schauspielen, soviel sich beschaffend, wie ihm nur irgend möglich war, wobei ihm vom Vater her nicht nur die Liebe zum Lesen, sondern auch die Bibliothek nicht unbedeutende Anregung bot. Auch in diesem Phänomen zeigt sich die vorbereitende Thematik seines spätern Lebens, die zielsicher sich die Grundlagen für die ihm aufgetragene Lebensleistung schafft. Seine Zeitgenossen staunten immer wieder über seine ungeheure Belesenheit in allen Gebieten seines weiten Interessenkreises. Mit einer Spürnase sondergleichen fand er die für ihn wichtigen Schriften in Vergangenheit und Gegenwart, nicht nur im deutschen Sprachgebiet, sondern auch im englischen und französischen Kulturkreis. Lesen, unermüdlich und leidenschaftlich, füllte einen bedeutenden Teil seiner Tage und Nächte während sechs Jahrzehnten.

In seiner Knabenzeit gesellte sich zur Leseleidenschaft ein gewisser Tatendrang, der sich in sehr origineller Weise Luft machte: Er schloss mit zwei anderen Knaben einen Dreibund. Sie verschwuren sich heimlich, an den Vorabenden der Markttage zu Beromünster einen losen Streich zu verüben, der sich jeweilen durch Possierlichkeit und Erfindung auszeichnete, ohne dass sie je ertappt wurden, was zu den Bedingungen ihres Schwures gehörte. Schon die Vorfreude auf diese Frei-Tage flocht in das eingeschränkte Klosterschulleben eine köstliche Spannung, deren er offenbar bedurfte.

Eine neue Seite von Troxlers Wesen geht uns auf in dem Briefwechsel, den er in seiner Solothurner- und Luzernerschulzeit mit der Mutter und dem Bruder führte. Es sind im Nachlass Troxlers in der Zentralbibliothek Luzern 18 dieser Briefe erhalten. Diese geben Zeugnis seiner hohen Verehrung, die er für seine Mutter hegte, und seiner warmen und innigen Liebe zu seinen Angehörigen und den Freunden und Nachbarn im heimatlichen Städtchen. Sie sind geradezu einzigartig und können nicht übergangen werden, wenn nicht Wesentliches aus Troxlers Jugendzeit fehlen soll.

In einem Neujahrsbrief an seinen Bruder lesen wir:

»Liebster Bruder, ich denke, Du möchtest gern auf künftiges Jahr gross werden. Allein wünschest Du Dir nur dies? Möchtest Du nicht auch der lieben Mutter viel Freude machen? Und das wirst Du, wenn Du immer Dich befleissest, ihr zu folgen, und von Tag zu Tag weiser und besser zu werden. Sieh nun, liebstes Brüderchen,alles dies wünsche ich Dir von Herzen... Erfreue täglich unsere liebe Mutter durch Deinen Gehorsam. Dies Vergnügen kannst Du ihr alle Tage machen. Ich kann es nicht, weil ich zu weit von ihr entfernt bin. Nichtsdestoweniger werde ich mich befleissen, die Ermahnungen, welche sie mir bei meiner Abreise gab, pünktlich zu befolgen und dann nach 8

Monaten, wenn ich mit einem schönen Preis nach Hause kommen werde, mit diesem Zeugnis eines kindlichen Gehorsams, die so liebe Mutter zu erfreuen. Ja, so wollen wir es beide machen, dann bist Du immer mein liebster Paul, und ich werde allezeit Dein Dich recht liebender Bruder Ignaz Troxler sein.«

In Solothurn erhielt er einmal über das Benehmen und den Arbeitswillen des Bruders einen weniger günstigen Bericht. Da setzte er sich gleich hin und schrieb dem Bruder einen Brief voll herzerweichender Ermahnungen:

»Es ist Bruderliebe, die einige Ermahnungen von mir fordert. Deswegen bitte ich Dich aufs Nachdrücklichste, bessere Dich, tue etwas, sei Deiner lieben Mutter, die so viel für Dich tut, gehorsam und dankbar, liebe sie, ersetze ihre Mühe durch gutes Verhalten, sei fromm, gottesfürchtig und arbeitsam, bleib zu Hause und studiere. Wenn ich Dein Wohlverhalten höre, werde ich mich recht freuen, einen so braven Bruder zu haben, der seiner Mutter würdig ist. Sei versichert, dass dies für die Mutter die grösste Freude sein wird, doch Du weisst schon, was Du tun sollst.« Troxler hatte einmal von einem Taugenichts berichten hören, der ganz einem lasterhaften Leben huldigte, was auf ihn einen grossen Eindruck gemacht haben muss, denn am 18. März 1797 schreibt er dem Bruder, dass dieser Mensch wohl in jungen Jahren einen kleinen Schritt in dieser Richtung getan habe, der dann sich reissend fortentwickelt habe bis zum unaufhaltbaren Strom des Lasters, weil damals kein Damm dagegen gesetzt wurde. Er mahnt nun eindringlich seinen Bruder:

»Du bist noch jung, jetzt kannst Du noch gut oder verdorben werden, beide Wege stehen Dir offen, noch kannst Du wählen. Aber wisse, es gibt ein Alter, ein reiferes, nur noch wenige Jahre, wo Du jeden Weg, den Du einschlugst, zum Untergang oder zum Glück, ewig wirst fortwandern. So unaufhaltsam die eingewurzelte Gewohnheit zum Bösen ist, ebenso stark ist der früh entflammte Trieb zum Guten. Darum lasse Dich jetzt leiten, Du hast Führer, eine Mutter die Dich herzlich liebt, und Verwandte, denen Du wert bist, sei versichert, folgst Du ihnen, so wirst Du Dein wahres Ziel nie verfehlen.«

Nimmt man diese Äusserungen des Knaben und Jünglings

ganz ernst, wie sie sicher gemeint waren, so ist erstaunlich, wie viele Motive schon anklingen, die sich gesteigert und verwandelt später im Manne wieder offenbaren. Dieses Unbedingte und Verpflichtende, dieses intensiv Zugreifende und das Drinnenstehen in den menschlichen Verhältnissen, wie es in allen diesen Briefen zum Ausdruck kommt, lässt den totalen Lebenseinsatz des Mannes vorausahnen. Das Bewusstsein der menschlichen Freiheitssitutation und die Einsicht, dass der Mensch gerade deshalb nur durch Erziehung und Selbsterziehung zum eigentlichen Menschen wird, der Hinweis auf den »früh entflammten Trieb zum Guten«, der sich sicher auf ihn selbst bezog, geben andeutungsweise die spätere Anthropologie Troxlers wieder, die ihn bis zum letzten Lebenstag beschäftigte und in der er den Menschen unablässig als Angehörigen einer moralischen Weltordnung zu verstehen sucht.

Zu Troxlers Schulbildung ist nun noch zu ergänzen, dass er die höheren Klassen seines Studienganges, die Poetik und Rhetorik, statt in Solothurn in Luzern absolvierte, weil ihn dort zwei ganz vorzügliche Männer anzogen: Thaddäus Müller und Franz Regis Krauer, freigesinnte und weltoffene Männer mit pädagogischem Geschick. Müller war Stadtpfarrer von Luzern und Krauer machte sich verdient durch vaterländische Schauspiele und eine Übersetzung Virgils. Krauer fesselte Troxler in besonderer Weise durch die eigentümliche und geistreiche Auffassung der Menschen. Er blieb Troxler unvergesslich. Troxler gedachte seiner stets in dankbarer Liebe. Über die Luzerner Zeit spricht sich Troxler überhaupt sehr positiv aus. Er gewann manche der an der Schule ausgesetzten Preise und errang sich unter den vorzüglichen Schülern durch seinen grossen Fleiss und seine ausserordentliche Intelligenz den ersten Platz. In den dramatischen Spielen, die alle Jahre von den Studierenden zum Schulschluss aufgeführt wurden, wurde er zu Hauptrollen herangezogen. Er erwarb sich dabei unter den Mitbürgern Beifall, und für ihn bedeuteten diese Spiele den ersten Schritt in die Welt der Öffentlichkeit. Auch dieses Element sollte später einen wesentlichen Teil seines Lebens ausmachen.

Bis zu seinem 18. Jahr hatte er nun alles begegnet und alles grundlegend entwickelt, was er für seine Lebensleistung, wie sie seiner Individualität keimhaft eingeboren war, brauchte. Will man sich musikalisch ausdrücken, so könnte man sagen: die Themen waren alle angeschlagen, aus denen sich die Symphonie seines Lebens Satz für Satz zu entfalten begann. Die grosse Frage war jetzt, nach welcher Richtung sich sein Weg hinwenden werde, für welche besondere Aufgabe sich Troxler entscheiden werde.

Im Dienste der
Helvetischen Republik 1798/99

Troxler hatte gerade selbständig mit dem Studium der Logik und Physik begonnen, als die revolutionären Umwälzungen durch die französischen Heere in die Schweiz einbrachen und seinem Studium ein überraschendes Ende machten. In diesen ungewissen und stürmischen Zeiten zog ihn die Mutter wieder nach Hause. Seine Geschwister waren gestorben bis auf den um ein Jahr jüngeren Bruder Paul. Mit ihm zusammen besorgte Troxler nun wieder das Hauswesen. Er war von den sozialen Ideen der Revolution schon als Knabe hell begeistert und begrüsste jetzt die Revolution und die Abschaffung der Aristokratie in der Schweiz und sah eine neue Epoche der Freiheit anbrechen. Noch nicht 18-jährig wurde er nun zum Kriegskommissar des Bezirkes Beromünster und zum Sekretär des Unterstatthalters ernannt. Er kam in vielfältigen Verkehr mit Regierung und Volk und oft in gefahrvollen Umgang mit den französischen Heeresbehörden. Mit tiefem Schmerz sah er die femden Herrscher auf heimischem Boden und das Welken der Freiheit in den Händen früherer Luzerner Aristokraten. Mit Verwunderung hörte er die ehemaligen Luzerner Oligarchen das Evangelium der Freiheit, Gleichheit und Menschenrechte verkünden und Chorherren und Kapläne mit Bürgern und Bauern um den Feiheitsbaum tanzen.

In den Geschäften erwarb sich Troxler den Ruhm grosser Gewandtheit und seltener Mässigung in Gesinnung und Tat, bei grosser Energie. Auf Empfehlung seines Lehrers Krauer berief ihn Vinzenz Rüttimann, der helvetische Regierungsstatthalter des Kantons Luzern, in sein Bureau nach Luzern. Auch dort zeichnete er sich aus als geschmeidiger Diplomat und strenger Republikaner. Als Rüttimann bei der Einrichtung der unteilbaren helvetischen Republik zum Mitglied des Direktoriums aufrückte, nahm er Troxler mit nach Bern als Privatsekretär. Mit ganzem Einsatz widmete sich dieser zwar den Geschäften. Aber er war nicht der Mann, der sich davon in Beschlag nehmen liess. Im Gegenteil stand er in dem Getriebe gleichzeitig als kritischer Beobachter, der mit seinem Sperberblick die Vorgänge und Gesinnungen prüfte und sich nichts entgehen liess. Rüttimann fand Gefallen an dem tüchtigen und anstelligen jungen Mann und liebäugelte mit dem Gedanken, ihn als seinen Liebling in die politische Karriere zu locken und darin zu fördern. Aber diese Rechnung ging nicht auf. Troxler widerstand der Versuchung.

Mit seinem gesunden Sinn für menschliche Qualitäten bemerkte Troxler überall die Intrigen der Parteien, der Ämtchenjäger und unterwürfigen Heuchler, die Liebedienerei gegenüber den Franzosen, das schwankende und willkürliche Wesen der Politik. All dies fing an, in ihm Grausen und Ekel zu erregen. Vor allem aber empörte und bedrückte ihn die totale Abhängigkeit der Schweiz von Frankreich, deren er sich täglich inne wurde. Die grausame Unterdrückung Nidwaldens im September 1799 und die Misshandlung der Schweiz als Kriegsschauplatz französischer, österreichischer und russischer Heere ging bis an die äusserste Grenze des Erträglichen. Seine Tätigkeit im Dienste dieses durch französische Bajonette aufgezwungenen Staatswesens erzeugt in ihm schliesslich eine derartige innere Leere und Scham vor der Tatsache, dass er als Unreifer mitregieren und das Schicksal eines Volkes mitbestimmen helfen sollte, dass er eines Tages dieser moralisch unmöglichen Lage ein rasches Ende machte, indem er den Abschied nahm. Mit sicherem Blick sah er auch das neue Heranwogen der alten Aristokratie und das Ende der helvetischen Republik voraus. Es wurde ihm zur Gewissheit, dass nicht hier seine Aufgabe lag. Er reiste kurz entschlossen nach Hause und überraschte die Seinigen mit der resoluten Erklärung, dass er die heisse Sehnsucht nach Studium und Ausbildung nicht mehr länger unbefriedigt lassen könne und die Absicht habe, Philosophie, Naturwissenschaft und Medizin an einer deutschen Universität zu studieren.

Studienjahre in Jena, Göttingen und Wien
Erste schriftstellerische Tätigkeit, erste Arztpraxis

Mit einem Freund, dem Medizinstudenten Corragioni von Luzern zog er aus. Über Strassburg und Frankfurt, die dem Bürger des Kleinstädtchens Beromünster wie Weltstädte vorkamen, erreichten sie im Spätherbst 1799 Jena. Über die Gründe der Wahl von Jena als Studienort fehlen uns zuverlässige Hinweise. Das Leben selbst sprach dann aber deutlich genug, weshalb es dazu kommen sollte. Es geschah hier, was in mancher Biographie festzustellen ist, dass ein Mensch, wie von einem sichern Instinkt geführt, genau dorthin gedrängt wird, wo es zu einer Begegnung kommt, deren er unbedingt bedarf, und deren Auswirkung dann das ganze Leben grundlegend und richtungweisend beeinflusst und ohne die das betreffende Leben gar nicht mehr zu denken ist. Genau das geschah für Troxler in Jena. Hatte sich der Versuch als Verwaltungsbeamter in der politischen Karriere eindeutig als Fehlschlag erwiesen, so erlebte er an der Universtität Jena das Gegenteil. Hier erwachte er zu seinem Lebensberuf, hier fand er mit elementarer Kraft seine Lebensbestimmung, die sich in der Folge nie mehr wesentlich änderte, vielmehr sich fortlaufend verstärkte und vertiefte und ihn zu seinen grossen und unvergänglichen Leistungen befähigte.

Troxler selbst kommt noch 1834 im ersten Vortrag seiner öffentlichen »Vorlesungen über Philosophie« zu Beginn seiner Wirksamkeit an der Berner Hochschule auf dieses Hauptthema seines Lebens zu sprechen und bezeichnet die Wahl der Universität Jena als Fügung der Vorsehung. Wir geben ihm das Wort:

»Als eine für mich besonders glückliche Fügung der Vorsehung betrachte ich es aber, dass meine akademische Bildungszeit zum Arzte in den Zeitpunkt der eigentlichen Kulturhöhe der

Philosophie in Deutschland fiel. Die grosse, durch den unsterblichen Königsberger (Kant) herbeigeführte Revolutionsepoche der Philosophie war vorüber; es stand bereits Fichte in Blüte und Jakobi auf dem Kampfplatze – und die beiden unvergesslichen Heroen kannte und sprach ich noch. Schelling, in dem sich alle Strahlen des grundtiefen philosophischen Geistes der Deutschen gesammelt zu haben schienen, war mein geliebter und mich liebender Lehrer, und in den Zeiten der auflebenden Naturphilosophie war mir nachgerühmt, ich sei der Jünger einer, die zunächst zu den Füssen des trefflichen Meisters gesessen. Da, unweit dem damals noch von einem ganzen Chor der unsterblichen Olympier bewohnten Musensitz Weimar (Wieland, Herder, Schiller, Goethe u.a.) genoss ich auch das Glück des wissenschaftlichen Umganges mit dem Riesengeist der neueren Scholastik, Hegel, und sah dem ersten Keimen des durch seine höchste Vollendung sich vernichtenden letzten Systems der Spekulation zu. Wie unglückselig müsste eine Naturanlage sein, die in solch einer philosophischen Atmosphäre nicht erwärmt, erleuchtet und begeistert würde.«

Auch in der Selbstbiographie von 1830 spricht er von seinem »guten Genius« und der »wahren Führung der speziellen Vorsehung für mich,« die ihm den Weg nach Jena wies und ergänzt das Phänomen mit der Bemerkung, er wäre heute (1830) noch nicht imstande, sich Rechenschaft zu geben über die Begründung dieses Entschlusses, nach Jena zu gehen. Bis an sein Lebensende ist aus all seinen Worten über seine Studienzeit herauszuhören eine tiefempfundene Dankbarkeit für das Geisteslicht, das dort in seiner »Naturanlage« entzündet wurde und nicht nur seine Studienzeit, sondern in Tat und Wahrheit seine ganze Biographie »erwärmt, erleuchtet und begeistert« hat.

Man macht sich heute wohl schwerlich eine richtige Vorstellung dessen, was Troxler die »Kulturhöhe der Philosophie in Deutschland« nennt und was besser noch als ein beispielloser Höhepunkt der Kultur überhaupt, im umfassenden Sinne, nicht nur im Raume Jena-Weimar, sondern in ganz Mitteleuropa bezeichnet werden müsste. Denn in Wien stand beispielsweise noch Haydn auf der Höhe seines Schaffens und schenkte der Welt seine letzten Streichquartette und Symphonien und die von seiner Englandreise durch Händels Werke inspirierten Oratorien »Die Schöpfung« und »Die Jahreszeiten«. Beethoven hatte eben seine ersten grossen Schwingen mit seiner ersten Symphonie entfaltet und stand im Begriffe, der grossen europäischen Musik zahlreiche Werke anzufügen von nie gehörter Kraft und Tiefe, die eine ganze Epoche repräsentieren und der ganzen nachfolgenden Musikergeneration zum Vorbild wurden.

Der Bedeutung nach gehört ja auch das ganze Werk Mozarts zu dieser Kultursonne, der wir bis heute unerschöpflichen innern Gewinn verdanken.

In der Schweiz waren es Pestalozzi, Fellenberg und Zschokke, die der Idee der Erziehung und Menschenbildung eine Tiefe und Wirkung gaben, wie es nie zuvor im europäischen Umkreis der Fall gewesen war. Es genügt in unserem Zusammenhang, darauf hinzuweisen, dass Aarau, Hofwil und Yverdon, wo diese drei Erzieherpioniere wirkten, in ganz Europa bekannt waren und Besucher und Schüler von allen Ländern anzogen.

Vollendet wurde diese mitteleuropäische Kulturblüte durch einen dritten Ausstrahlungspunkt, der mit den beiden Namen Weimar und Jena umschrieben ist, und der nun zur Musik und Pädagogik die Dichtung und die Philosophie hinzufügt, verkörpert in dem Freundespaar Schiller-Goethe und dem Philosophentrio Fichte-Schilling-Hegel. Man müsste noch eine ganze Reihe weiterer, bedeutender Gestalten und deren Werke nennen, um das Bild vollständig zu machen. Troxler nennt ihrer eine ganze Anzahl und bekennt, dass er sich mit heiliger Ehrfurcht dieser Geisteswelt genähert habe und halte es für sein höchstes Lebensglück, die meisten »ihrer Götter und Helden« gesehen und gehört zu haben. Seiner Neigung und Bestimmung gemäss zog ihn jedoch vorzüglich Schelling an.

Etwas einmalig Aussergewöhnliches begab sich in Jena, zur Zeit als Troxler dort die Studien begann. Fichte war gerade wegen Atheismus angeklagt worden und musste Jena im März 1800 verlassen. Aber Troxler hörte und sprach ihn noch in dieser Kampfsituation. Schelling war 1798 nach einem Besuch bei Goethe durch dessen Fürsprache als erst 23-jähriger Jüngling als

Professor gewählt worden. Er war nur 5 Jahre älter als Troxler, also eigentlich ein Gleichaltriger, aber jetzt schon sie alle weit überragend, von einem Erkenntnisfeuer beseelt, das er bei Fichte entzündet hatte, aber nun schon aus eigener Flamme sich lodernd entwickelte. Mit dem Jahre 1801 gesellte sich Hegel zum Professorenkollegium und begann seinen Gedankenkosmos zu entfalten. Er war 31-jährig. In seinem ersten Kolleg sassen nur 4 Studenten, worunter Troxler. Es musste geschlossen werden, ging aber privat weiter. Allmählich setzte sich Hegel durch und wurde zu einem grossen Herrscher auf dem Felde der europäischen Gedankenentwicklung.

Innerhalb der 12 Jahre von 1794–1806 wurde hier die gesamte Geistessubstanz der deutschen philosophischen Klassik eruptionsartig von Fichte, Schelling und Hegel geschaffen. Jeder von ihnen versuchte auf einem andern Weg das höhere Bewusstsein des Menschen, mit dem er mit göttlichen Urwesen der Welt kommunizieren kann, zu erreichen: Hegel durch eine Steigerung der Denkfähigkeit, Schelling durch eine höher geartete Betätigung des Fühlens als Quell der Phantasie im künstlerischen Schaffen und Fichte durch die Erkraftung und Durchlichtung des Willens, sodass erst alle drei zusammen ein Ganzes ausmachen, das im Gesamtwesen des Menschen urständet.

Man kann dem Dreigestirn Haydn-Mozart-Beethoven in Wien ohne Weiteres das andere Dreigestirn Fichte-Schelling--Hegel in Jena gegenüberstellen.

Troxler kannte und studierte sie alle und setzte sich mit ihnen immer wieder auseinander durch die Jahrzehnte seiner eigenen Entwicklung, am ausgeprägtesten aber mit Schelling, da ihm als Arzt das Problem des Lebens und der ganzen Natur am nächsten lag und gerade Schelling unter den dreien den grossen Versuch unternommen hatte, in die Geheimnisse der Naturreiche philosophisch einzudringen.

Es kann im Rahmen unserer Biographie natürlich nicht eine Darstellung Schellings gegeben werden. Hingegen möge mit einigen Strichen diese begeisternde Gestalt skizziert werden.

Schelling war als Kind von ausserordentlicher Frühreife. Mit 8 Jahren begann schon der Unterricht in den beiden alten Sprachen beim Vater. Mit 11 Jahren wurde er aus der öffentlichen Schule entlassen, weil er nichts mehr lernen könne, und er nimmt am Unterricht der 16-18 Jährigen teil. Die alten Sprachen beherrscht er vollkommen und liest ihre wichtigsten Werke. Zusätzlich lernt er vom Vater orientalische Sprachen. Auf Gesuch des Vaters wird er ins theologische Stift Tübingen schon mit 15 1/2 aufgenommen, das in der Regel das zurückgelegte 18.Jahr verlangte. Mit 18 Jahren lernt er Fichte kennen und schliesst sich diesem ganz an. Mit 19 Jahren erscheint schon sein philosophisches Erstlingswerk. Dann erscheinen kurz aufeinander weitere Schriften, die weit über Fichte hinausführen und den eigenen Duktus offenbaren: die Philosophie der ganzen Natur, die dann Troxler so unmittelbar ansprach. So wird verständlich, dass Schelling schon mit 23 Jahren auf dem Katheder der Universität Jena stand. Aus der Feder von Troxlers Studienfreund Gotthilf Heinrich Schubert haben wir eine eindrückliche Schilderung von Schellings tiefer Wirkung als Hochschullehrer: »Was war es, das Jünglinge wie gereifte Männer von fern und nah so mächtig zu Schellings Vorlesungen hinzog? War es nur die Persönlichkeit des Mannes oder der eigentümliche Reiz seines mündlichen Vortrages? Das war es nicht allein. In seinem lebendigen Wort lag allerdings eine einnehmende Kraft, welcher keine der jungen Seelen sich erwehren konnte. Es war uns jugendlichen Hörern oft zu mute, als ob wir Dante, den Seher einer nur dem geweihten Auge geöffneten Jenseitswelt, hörten. Der mächtige Inhalt, der in seiner mit mathematischer Schärfe im Lapidarstil abgemessenen Rede lag, erschien mir wie ein gebundener Prometheus, dessen Bande zu lösen und aus dessen Hand das unverlöschende Feuer zu empfangen die Aufgabe des verstehenden Geistes Schellings war. Wahrlich, weder die Persönlichkeit, noch die belebende Kraft der Rede war es allein, welche für die Schelling'sche Weltanschauung alsbald nach ihrem öffentlichen Kundwerden durch Schriften eine Teilnahme und eine Aufregung für und wider ihre Richtung hervorrief, wie dies vor und nachher in langer Zeit keine literarische Erscheinung ähnlicher Art vermocht hat«.

Ja, was war es denn? Schubert und mit ihm auch Troxler und viele der damaligen Jünglinge erlebten in Schellings Vorlesungen

»das Innewerden einer Wirklichkeit höherer Art, die der erkennende Geist mit derselben Sicherheit erfahren kann, wie der Leib durch seine Sinne die sichtbare Welt erfährt, das Innewerden einer geistig-göttlichen Welt, in der wir leben, weben und sind und welche wir mittels der von Schelling geschilderten intellektuellen Anschauung als unendlichen Urgrund allen Seins und Werdens im menschlichen Geist erfassen lernen können, als höchsten Gewinn des Erdenlebens und des Forschens nach Weisheit.«

Dieses Zeugnis wird aufs Schönste ergänzt durch Henrik Steffens, den Naturforscher aus Norwegen, der 1798, ein Jahr vor Troxler, die ersten Vorlesungen Schellings in Jena hören durfte, als Schelling von dem Gegenstand sprach, »der damals seine ganze Seele erfüllte, nämlich die Idee einer Naturphilosophie, und von der Notwendigkeit, die Natur aus ihrer Einheit zu fassen, und von dem Licht, welches sich über alle Gegenstände der Natur werfen würde, wenn man sie aus dem Standpunkte der Einheit aller Vernunft zu betrachten wagte«.

Steffens war augenblicklich von diesen Ideen erleuchtet worden und sagt: »Er riss mich ganz hin und ich eilte den Tag darauf, ihn zu besuchen. Ich war der erste Naturforscher vom Fach, der sich unbedingt und mit Begeisterung an ihn anschloss.«

Schelling empfing ihn mit Freude und es entwickelte sich sogleich das lebhafteste Gespräch, von dem Steffens berichtet: »Das mündliche Gespräch war unbeschreiblich reich. Der Besuch war nur kurz, aber die wenigen Augenblicke waren so reich gewesen, dass sie sich mir in der Erinnerung zu Stunden ausdehnten. Es war durch die Übereinstimmung mit Schelling in mir eine Zuversicht entstanden, die fast an Übermut grenzte.«

Steffens stand unter dem Eindruck, dass »die Sonne der Denktätigkeit, die seit Griechenland untergegangen war, in Schelling wieder aufgegangen sei und einen neuen geistigen Tag verspreche«.

Troxler und Corragioni waren mit Empfehlungen Rüttimanns in Jena gut aufgenommen worden »von den grossen Männern der Gegend«. Troxler stürzte sich mit Vehemenz in das neue Leben, das ihm das akademische Studium eröffnete. Er nahm das Studium vom ersten Tage an sehr ernst, versenkte sich ganz in die neuen Aufgaben. Mit einer unheimlichen Arbeitsenergie bewältigte er gleich zwei Pensen miteinander: das medizinische und das philosophische. Entsprechend war die ungeheure Menge der Kollegien von morgens 8 bis abends 6 Uhr mit nur einer kurzen Essenspause. In der Medizin war der Ophtalmologe Himly bald sein bevorzugter und ihn besonders fördernder Lehrer. Es entstand zwischen ihnen ein enges väterliches Freundschaftsverhältnis. Himly liess sich sogar von seinem Schüler über Philosophie belehren. Schon im April 1803 konnte Troxler die medizinische Doktorprüfung erfolgreich absolvieren. Seine Disertation behandelte ein Thema aus der Augenheilkunde. Er widmete sie seinem Luzerner Gönner Rüttimann und seinem geliebten Lehrer Himly. Schon 1800 hatte er eine erste Abhandlung aus dem Gebiet der Augenheilkunde geschrieben: »Über die Lehre von der Bewegung der Iris«. Als Himly 1803 nach Göttingen berufen wurde, folgte ihm Troxler dorthin und verbrachte dort ein weiteres Studienjahr. Von 1803 bis 1807 verfasste er noch 6 weitere Arbeiten über Probleme der Augen, die er in der von Himly herausgegebenen »Ophtalmologischen Bibliothek« veröffentlichen konnte. Zum Abschluss in Göttingen erhielt er von seinem Lehrer ein schmeichelhaftes Zeugnis: »Herr Dr. Ignaz Vital Troxler hörte bei mir spezielle Nosologie und Therapie, ferner medizinische Chirurgie und Ophtalmologie, erhielt bei seinem Examen den einstimmigen vollen Beifall der Fakultät, behandelte in meiner Klinik sowohl hier als zuvor in Jena mehrere ihm übertragene Kranke mit vieler Geschicklichkeit und zeigte hierbei, sowie im genaueren Umgange, Talente und Kenntnisse, welche ihn mir sehr achtenswert gemacht haben, sodass ich demjenigen Staate Glück wünsche, welchem er dieselben widmen wird.« Göttingen den 18. April 1804.

Auch in Jena, wie damals in Solothurn, blieb er brieflich in Kontakt mit seinen Angehörigen, und man kann staunen, dass er sich in der grossen Weite des philosophischen Horizontes, der sich ihm dort wie eine Fernsicht auf hohem Berge auftat, und der grossen Fülle der medizinischen Forschungszweige, die er zu bewältigen hatte, noch genauestens interessierte für Geschäftsprobleme der Mutter und nicht vergisst, ihr für das ihm zugeschickte Geld zu danken. Er ist sich auch immer bewusst, dass dieses Geld durch die tägliche Arbeit der Mutter zusammenkam und versichert die Seinen, dass er keinen Pfennig unnütz ausgebe. Daneben erzählt er auch von der Menge seiner Arbeit und weiss zu rühmen, dass er einen »äusserst instruktiven Lehrer habe, der ihn begünstige, Himly.« Er erkundigt sich auch angelegentlich nach seinen Freunden in Luzern und anderswo, und schliesst einmal einen Brief mit Worten an den Bruder:

»Ich liebe Dich, bin Dir Bruder mit ganzer Seele, sei auch so gegen mich, und sei immer würdiger Sohn unserer teuersten Mutter! Ich umarme Euch tausendmal.« Litt er vielleicht sogar an Heimweh? Troxler berichtet auch von einer »herrlichen studentischen Jugend«, mit der er in Jena zusammengetroffen sei. Unter Troxlers Mitschülern in Jena waren eine ganze Anzahl, die später als Männer durch ihre grossen Leistungen in Medizin, Philosophie, Psychologie, Naturforschung und Schulwesen sich einen berühmten Namen erworben haben wie Jakob Fries, Georg Kieser, Gotthilf Heinrich Schubert, Peter Scheitlin von St. Gallen, Joh. Jak. Stokar von Schaffhausen und die zwei Berner David Benoit und Daniel Isenschmid. Sie alle haben wie Troxler aus ihrer Studienzeit in Jena einen unversieglichen Schaffensdrang und Lebenseinsatz davon getragen. Gotthilf Schubert, der bedeutende Naturphilosoph und Seelenforscher schrieb über seine Begegnung mit Troxler die bezeichnenden Worte: »In der letzten Zeit meines Aufenthaltes in Jena lernte ich den naturkräftigen, redlich strebenden J.P. Troxler, den ehrenhaften Schweizer kennen. Er war ein Vorbild des treuen Fleisses und des sittlichen Ernstes. Schellings Philosphie hatten nur wenige seiner Zuhörer so tief und mit solcher Begeisterung erfasst wie er.«

Schelling selbst hat es rühmend ausgesprochen, dass keiner seiner Schüler ihn besser verstanden habe als sein junger Schweizerfreund Troxler.

Nach einem kurzen Aufenthalt in Würzburg, wohin Schelling 1803 berufen worden war, geht Troxler 1804 nach Wien. Wiederum ist uns, wie schon 1799 bei der Wahl Jenas, nichts bekannt geworden, wie es zu dieser Wahl gekommen ist. Es scheint ein weiteres Faktum jener glückhaften Sicherheit zu sein, mit der Troxler, und viele andere Menschen, mit nachtwandlerischem Spürsinn ihre Schritte dorthin lenken, wo sie jene Anregungen und Begegnungen finden, die sie brauchen, um die sinnvolle Komposition ihres Lebensganges weiterzuführen. Denn in Wien fand Troxler die Gefährtin seines Lebens, Wilhelmine Polborn aus Potsdam, und einen Freund, der ihm für das ganze Leben verbunden blieb und dauernde gegenseitige geistige Förderung schenkte bis zu dessen Tod im Jahre 1858. Es war der Philosoph, Diplomat und Schriftsteller August Varnhagen von Ense, der mit fast allen bedeutenden Gestalten seiner Zeit briefliche, persönlichen oder literarischen Kontakt pflegte und sich aufs lebhafteste für die freiheitlich Entwicklung der europäischen Völker und Staatsformen und alle Kulturimpulse der Goethezeit interessierte. Über seine erste Bekanntschaft mit Troxler in Wien im Jahre 1805 berichtet er uns in trefflicher Weise:

»Im Hause von Eskeles lernte ich den angehenden, scharfgeistigen schnell und tiefblickenden berühmten Arzt Malfatti kennen, der als Schüler der Naturphilosophie mit dem Naturphilosphen Dr. Troxler eng verbunden war. Auf den letztern hatte ich es abgesehen, da seine Schriften mir in hohen Ehren standen. Doch traf ich nur einmal mit ihm zusammen, als er den Stand der Philosphie und ihr Verhältnis zur Medizin mit grossem Geist besprach und mich tadelte, dass ich der letztern untreu geworden. Mir gefiel sein freier Geist, wie sein edles Äussere und es tat mir leid, dass wir durch Zufall nicht wieder zusammenkamen. Er war in Wien ein Fremder und dachte ernstlich an Rückkehr in seine schweizerische Heimat.«

Beim oben erwähnten Arzt Malfatti konnte sich Troxler in die medizinische Berufstätigkeit einführen lassen. Nicht nur das. Er fand durch diesen den Zugang zur Wiener Gesellschaft und wurde bald als Arzt und Gelehrter hochgeschätzt. Da Malfatti auch mit Beethoven befreundet war, so konnte es nicht fehlen, dass auch Troxler mit dem grossen Tondichter bekannt wurde und diesem Freundschaftsdienste leistete als Dolmetscher beim italienischen Musikverleger Clementi. Ein Brief Beethovens an Troxler schliesst mit den Worten herzlichsten Dankes für alle

Freundschaft und Gefälligkeit: »Halten Sie lieb ihren Freund Beethoven«. Troxler war offenbar auch des Italienischen mächtig. Malfatti hatte ihn einer alten polnischen Gräfin als Leibarzt empfohlen, mit der er Italien und Frankreich bereiste und bei dieser Gelegenheit unterwegs gleich noch italienisch lernte. Troxlers Wirken in Wien war allerdings zu kurz, und ausserdem war er mit seinen schriftstellerischen Arbeiten viel zu sehr in Anspruch genommen, als dass die Freundschaft mit Beethoven sich weiter entfalten konnte.

Denn Wien war eigentlich die unmittelbare Fortsetzung seiner in Jena und Göttingen mit grossem Feuer begonnenen Studien. Mit leidenschaftlichem Eifer schuf er schon 1803 sein erstes grösseres wissenschaftliches Werk.

»Ideen zur Grundlage der Nosologie (Krankheitslehre) und Therapie« und dann folgten Jahr für Jahr weitere Werke, Früchte des durch Schelling in gewaltige Bewegung gesetzten Forschungstriebes:

1804 Versuche in der organischen Physik
1805 Grundriss der Theorie der Medizin
1807 Über das Leben und sein Problem
1808 Elemente der Biosophie

Nicht Einzelthemen aus einem vereinzelten Spezialgebiet, wie das heute bei einem jungen Gelehrten der Fall wäre, beschäftigten Troxler, sondern das Überschauen und durchdringende Umfassen eines Gesamtgebietes der Wirklichkeit, wie es das Phänomen des Lebens darstellt, das in seiner Fülle der Erscheinungen und der geheimnisvollen Gliederung in pflanzliches, tierisches und menschliches Leben den nach Erkenntnis strebenden Menschen vor die allergrösste Aufgabe stellt.

Durch seine erste Schrift, die Ideen zur Nosologie und Therapie, geriet Troxler in einen Konflikt mit einem Fachkollegen namens Konrad Kilian.

Schelling hatte sich anerkennend über sie geäussert: »Unstreitig in ihrem allgemeinen Teil das Beste, was nach naturphilosophischen Ansichten über eigentliche Medizin bis dahin geschrieben war.«

Konrad Kilian, auch ein naturphilosophischer Arzt, neun Jahre älter als Troxler und wahrscheinlich etwas eifersüchtig auf dessen literarische Produktivität, hatte in einer Schrift Troxler zu merken gegeben, eigentlich seien seine »Ideen zur Nosologie und Therapie« Schellings geistiges Eigentum. Das konnte der selbstbewusste und auf seine Ehre sehr empfindliche junge Gelehrte nicht auf sich sitzen lassen. Er griff Kilian in der Jenaer Literaturzeitung heftig an. Kilians Unterschiebung empfand er als Unrecht, das auf jeden Fall gut gemacht werden musste. Er wandte sich in einem Brief direkt an Schelling, um ihn inständig zu bitten, öffentlich zu bezeugen, dass Kilians Behauptung ganz unbegründet sei. Schelling entsprach der Bitte seines begabten Schülers und versetzte Kilian einen unmissverständlichen Hieb mit einer Erklärung, die auch sprachlich beachtenswert ist und zeigt, wie Schelling zugleich klar und bestimmt und doch wieder mit der nötigen Vorsicht und Behutsamkeit sich auszudrücken wusste, dass nämlich »Herr Troxler, ausser dem, was er etwa meinen Schriften und Vorlesungen zu verdanken haben mag und was ohnehin jedermann, der mit meinen Ideen bekannt ist, leicht unterscheiden kann, von mir persönlich auch nicht die geringste Anleitung oder Mitteilung von Ideen zu seiner Schrift erhalten habe, wie Herr Kilian verstehen geben zu wollen wenigstens scheinen könnte. Ich glaube, diese öffentliche Erklärung dem wackern jungen Mann schuldig zu sein, der sich geschämt haben würde, seine literarische Laufbahn so anzufangen, wie sie Herr Kilian aller Wahrscheinlichkeit nach enden wird.«

Hier ist unschwer auch eine Anerkennung Troxlers herauszuhören. Troxler war sich zeitlebens bewusst, welchen geistigen Strom die Philosophie Schellings in ihm ausgelöst hatte und hegte eine starke Verehrung und Dankbarkeit für ihn, obschon er später in seiner Forschungsrichtung und Gedankenbildung sich von Schelling entfernte und dies entsprechend auch deutlich aussprach. Einige Jahre nach dem Strauss mit Kilian hatte Troxler auch eine Fehde mit dem Naturforscher Lorenz Oken, die ebenfalls die Frage der Priorität für gewisse Ideen betraf. In Sachen persönlicher Ehre liess Troxler nicht mit sich spassen. Das war eines der Leitmotive seines Lebensstils. Wir werden noch darauf zurückkommen.

Dramatisches Zwischenspiel
in der Heimat 1806

Trotz des glänzenden Angebotes jener polnischen Gräfin, immer
bei ihr zu bleiben, konnte Troxler dem Heimweh nach der geliebten Mutter nicht mehr länger widerstehen, und er betrat
gegen Ende 1805 erstmals nach 6 Jahren wieder den Boden
seiner Heimat. Wahrscheinlich erreichten ihn herzliche Bitten
der Mutter, die ihren Sohn, erfolgreichen Arzt und bekannten
wissenschaftlichen Schriftsteller in der Weltstadt Wien, nach so
langer Trennung wieder einmal sehen wollte mit der geheimen
Hoffnung ihres Mutterstolzes, er möge sich in Beromünster niederlassen. Er selber wollte aber nur auf Besuch kommen. Es ist
möglich, dass er sich die nötige Musse im Elternhaus versprach,
die er in Wien nicht fand, denn er hatte neue schriftstellerische
Pläne. Jedenfalls erschien er im Winter 1805/1806 in Beromünster, nicht ahnend, was ihn hier erwartete. Es sollte alles andere
als ein friedliches Wiedersehen mit Angehörigen und Schulkameraden werden. In der Gegend herrschte in jenem Winter
eine der gefürchteten, in den Gebirgsgegenden schon immer
wieder aufgetretenen Fiebererkrankungen, »Alpenstich« genannt,
die wir heute wahrscheinlich Grippe oder Lungenentzündung
nennen würden. Diesmal zeigte sie sich besonders heftig. Schon
waren eine ganze Anzahl Menschen der Krankheit erlegen und
immer neue Fälle traten auf in Troxler wohlbekannten Häusern
der Umgebung. Er stellte sich dem Ruf des Schicksals mit spon-
taner Hilfsbereitschaft und nahm sich als junger Heilkünstler der
Kranken an. Mit der ihm eigenen Gründlichkeit und totalen
Hingabe sah er sich nach kurzer Zeit in voller ärztlicher Praxis.

Über die Sorge um den einzelnen Patienten hinaus interessierte ihn das Wesen dieser Krankheit und er ging allen Phänomenen sorgfältig nach. Er liess sich bis in alle Details den genauen Verlauf bei jedem Kranken erzählen, auch bei den schon erfolgten Sterbefällen und notierte alles. Er bezog auch alle Verhältnisse in die Beobachtung ein, wie Wetterverhältnisse, Temperaturbedingungen in den Häusern, die Art der genossenen Nahrung und ebensosehr auch, was bisher von den Medizinern, Quacksalbern und Apothekern alles vorgekehrt worden war und wie es gewirkt hatte. Er notierte sich minutiös alles, was ihm gemeldet wurde und was er selbst mit seinem eindringenden Blick beobachten konnte. Und siehe da! Kein einziger seiner Patienten starb ihm weg, vielmehr erwiesen sich seine aus intuitiver Erfassung des Krankheitsprozesses in Anwendung gebrachten Behandlungen als heilend. Es gelang ihm, die Epidemie einzudämmen. Das war aufsehenerregend, verschaffte ihm naturgemäss Ansehen und Freunde – und den Neid der Berufskollegen.

Es wurden Stimmen laut, Troxler besitze nicht einmal die Erlaubnis des Sanitätsrates zur Ausübung des ärztlichen Berufes im Kanton Luzern. Das empörte sogleich sein erregbares Selbstgefühl. Er veröffentlichte eine Schrift mit dem Titel: »Einige Worte über die grassierende Krankheit und Arzneikunde im Kanton Luzern im Jahre 1806«, in der er nicht nur aufs gründlichste die ganze Krankheit beschreibt, sondern schonungslos Sturm läuft gegen verschiedene medizinische Vorurteile und unvernünftige Behandlungsarten, die er den Routiniers unter den Ärzten anlastet, welche an Stelle der Wissenschaft »ein ideenloses Versuchen und an Stelle der Erfahrung ein blindes Handeln nach erlernten Regeln praktizieren«. Dann feuert er eine ganze Breitseite gegen das rückständige Sanitätswesen des Kantons Luzern ab und charakterisiert es unverblümt:

»Hier ist der Boden des gottverlassensten Zustandes der Medizin. Nirgends wird mit Leben und Gesundheit ein so blindes und freches Spiel getrieben wie hier. Oder wo gibt es noch diese zahllose Menge dummer Bauern, unwissender Weiber, Viehärzte und Wasenmeister, welche Medizin zur Profession machen und machen können und dürfen wie hier. Wo findet man eine so ungezügelte Pfuscherei und Quacksalberei wie hier? Es ist beispiellos und schändlich.«

Ein offizieller Bericht des Sanitätsrates Dr. Richli über den Verlauf der Epidemie wird dann von Troxler von Anfang bis Ende kritisch zerzaust und der Mangel an Diagnose, die unbegründeten willkürlichen Vorschläge und ihre von der Praxis erwiesene Schädlichkeit nachgewiesen. Hierauf holt Troxler aus zu einer Darstellung der Krankheit, wie sie sich ihm auf Grund seiner umfassenden Beobachtungen ergeben hatte. Zuerst macht er aufmerksam auf die Proteus-Gestalt der Natur, die sich ständig in immer neuen Formen abwandelt und deshalb an den Arzt die Anforderung stellt, auch immer neu zu forschen und z.B. die Verschiedenartigkeit der Symptome und den verschiedenen Verlauf bei verschiedenen Menschen zu bemerken und danach zu handeln. Troxler sagt, Verlauf und Wechsel der Symptome werde durch die Individualität des Kranken mitbestimmt. Aber auch die Krankheit selbst sei eine Art Individualität und das Zusammenwirken der beiden ergebe den eigenartigen Verlauf bei jedem Menschen. Es brauche eine »Art höherer Forschung, um die Ursache und den Charakter einer Krankheit ausfindig zu machen«. Da verschiedene Leichenöffnungen vorgenommen worden waren, um der rätselhaften Krankheit auf die Spur zu kommen, kritisiert Troxler auch diese Massnahme: »Wer nicht mit einem geistigen Blick solche Krankheiten in ihrer Geburtsstätte anzuschauen und von ihr aus zu verfolgen vermag, wird sie gewiss auch in der Leiche nicht erkennen, er mag in den Eingeweiden wühlen, riechen und tasten, wie er will.«

Troxler beschreibt dann offen seine eigene Behandlung, die so erfolgreich war, begründet das Falsche und Irrtümliche der andern und sagt zum Schluss, der Bericht Richlis verdiene als Dokument für die Geschichte der Medizin aufbewahrt zu werden. Troxler hatte in ein Wespennest gestochen. Dr. Richli antwortete ihm in einer Gegenschrift und schlägt zurück:

»Troxler hat die Krankheit nicht richtig beschrieben. Ich glaube mit Grund behaupten zu dürfen, dass die Geschichte der Medizin keine elendere Beschreibung einer epidemischen Krankheit wird aufzuweisen haben, als die»troxlerische«. Im weitern versucht er Troxlers Grundauffassung der Krankheit zu widerlegen, indem er wenig überzeugend ins Feld führt, seit 2000 Jahren existierten nach ewig gleichbleibenden Gesetzen Pflanzen, Tiere, Instinkte, Jahreszeiten etc. und nimmt auch Troxlers Behandlung aufs Korn, um die doch offensichtlich fehlgeschlagene Therapie der offiziellen Medizin zu rechtfertigen. Doch da hatte er sich verrechnet. Troxler ist empört und antwortet sogleich in einer zweiten Schrift:

»Noch etwas über die grassierende Krankheit im Kanton Luzern«, in der er seinen Kritiker unsanft anpackt und mit starken Ausdrükken nicht spart. Er wirft ihm unsachliche Darstellung und fatale Widersprüche vor. So etwa, wenn Richli unbesehen Pflanzen und Tiere mit dem Menschen zusammenwirft und von ewig gleichbleibenden Gesetzen spricht. Troxler erklärt ihm, es gebe zwar unwandelbare Gesetze, aber innerhalb dieser Gesetze sei grosse Wandelbarkeit und besonders beim Menschen feinste Differenziertheit, da der Mensch eine eigene und zwar die edelste Natur auf dieser Erde sei, und wie innerhalb des Menschenreiches grosse Differenziertheit herrsche, so auch bei den Krankheiten, und gerade die Krankheit des vergangenen Winters sei als ein Individuum zu betrachten. Wenn Richli behauptete, die Krankheit habe sich meistens zwischen dem 7. und 9. Tage entschieden, so weist ihm Troxler nach, dass eine ganze Anzahl Kranke diese Tage gar nicht erlebten, da sie schon am 5., 4. oder 3. Tage starben. Mit sarkastischem Humor sagt er ihm, die offizielle Behandlung der Epidemie sei derart gewesen, dass nach diesen irdischen Leiden die Patienten sich ganz sichere Hoffnung auf himmlische Freuden machen konnten.

Den Vorwurf, er habe sich nicht einmal zur staatlichen Prüfung gestellt, weist er zurück mit den Worten: »Empörend ist es, wenn ein ordentlicher Arzt, der sich bereits als solcher bewährt hat, bei einer Behörde gleichsam um das Privileg ersuchen soll, unter einem Haufen von Menschen auftreten zu dürfen, welche mit roher Unwissenheit und gröbster Frechheit Medizin als Profession betreiben.«

Mit dem Arztdiplom von Jena, der erfolgreichen Praxis in Wien und seinem wissenschaftlichen Ruf in Deutschland noch eine Arztprüfung zu absolvieren in Verhältnissen, deren Missstände er öffentlich an den Pranger stellen musste, schien Troxler mit Recht eine Unmöglichkeit. Eine diesbezügliche Aufforderung des Sanitätsrates von Luzern beantwortete er mit kühner Überlegenheit:

»Diejenigen, welche gegen mich sprachen, ohne mich zu kennen, welche aber ich kenne, bitte ich, als Subjekte, welche vielleicht zuerst des Examens bedürften, sich selbst zu ergreifen, und wenn ihnen bloss darum zu tun ist, ihre Autorität, Rigorosität und Superiorität fühlen zu lassen, sich an Feldscherer und Hebammen oder auch Wasenmeister und Quacksalber, deren es viele wie sie praktizierende gibt, zu halten. Zu diesen zähle ich mich nicht.«

Der Sanitätsrat zitiert nun Troxler vor seine Schranken, wegen seiner in »höchst unanständigen Ausdrücken abgefassten Schrift«, und verlangt von ihm eine Abbitte vor versammeltem Rat.

Troxler schreibt diesem, er habe kein Recht, in eigener Sache Kläger und Richter zu sein. »Laut organischem Gesetz haben Sie mich, wenn Sie sich beleidigt glauben, einer andern Behörde zu überantworten, wo ich Ihnen Rede stehen werde. Wahrheit und Recht, Verfassung und Regierung respektiere ich, ausserdem aber nur, was mir gefällt.«

Der Sanitätsrat gelangt nun an die Regierung. Diese befiehlt ohne Untersuchung Troxler mehrmals, sich vor dem Sanitätsrat zu stellen und die verlangte Abbitte zu leisten. Auf neuerliche Weigerung Troxlers erliess die Regierung einen Haftbefehl. Eine solche Massnahme war gesetzlich nicht korrekt. Eine Untersuchung und ein Urteil hätte vorausgehen müssen. Troxler war also in der Lage, den Behörden ihre gesetzliche Pflicht in Erinnerung zu rufen und Gerechtigkeit zu verlangen. Das wurde nicht verdaut und der Haftbefehl aufrecht erhalten. Jetzt entzog sich Troxler durch Flucht in den Aargau und später durch Rückkehr nach Wien, wie er es schon vorher beabsichtigt hatte. Im offiziellen Anzeigeblatt wurde Troxler polizeilich ausgeschrieben und alle Zivil- und Polizeibeamten aufgefordert, ihn im Betretungsfalle zur Polizeikammer abführen zu lassen. Eine strafbare Handlung hatte Troxler jedoch keine begangen, wohl aber hatte er sein kämpferisches Temperament offenbart und den Willen bekundet, kompromisslos gegen Unrecht und Missstände aufzutreten, seine Meinung offen zu sagen und keinen Schritt vor Zumutungen zurückzuweichen.

Sein deutscher Studienfreund Kieser, aus dessen Briefen eine grosse verehrende Liebe zu Troxler spricht, schrieb ihm im Hinblick auf den Konflikt in Luzern die bezeichnenden Sätze: »Aber wirst Du nie lernen, die Welt zu nehmen, wie sie ist. Es ist doch nur die Alternative, sich in sie zu fügen oder aus ihr zu scheiden.« Zwei Temperamente, zwei Grundhaltungen dem Leben gegenüber stehen da sehr klar zur Diskussion. Troxler wusste allerdings noch eine dritte Alternative: Sich mitten hineinzustellen und den Kampf für das Bessere aufnehmen, mit dem Risiko, unterzugehen oder zu siegen. Zur Zeit des soeben geschilderten Aufenthaltes in der Heimat arbeitete Troxler eine neue rein philosophische Schrift aus:

»Über das Leben und sein Problem«. Im folgenden Jahr, 1807, als er wieder nach Wien zurückkehrte, erschien sie in Göttingen. Sie bildet eine der Stationen seines Geistesganges. Schon ein Jahr später folgte eine weitere gewichtige Arbeit in dieser Richtung:

»Elemente der Biosophie« (Erkenntnis des Lebens). Ein bemerkenswertes Phänomen troxlerischen Arbeitsstils wird hier sichtbar, wenn man die philosophische Schrift über das Leben den zwei Kampfschriften von der »grassierenden Krankheit und Arzneikunde« gegenüberstellt. Die eine ist die Frucht strengster Konzentration auf hohe Form subtiler Begriffskunst, die nur in völliger Abgeschiedenheit vom äussern Leben möglich ist. Troxler ringt unter Aufbietung seiner Geisteskräfte um die Erfassung eines erdumspannenden Naturphänomens: das Leben in seiner Ganzheit, wie es die ungeheure Vielfalt der Formen und Prozesse als pflanzliches, tierisches und menschliches Leben als durchgehende, im Grössten wie im Kleinsten tragende und wirkende Kraft durchwirkt und durchwest. Er will diese Kraft in ihrem Grundwesen als einheitliches, gesetzmässiges, aus der unsichtbaren Unfasslichkeit quellendes Wesen gedanklich-begrifflich erfassen; das bedeutet ihm, es in seinem Bewusstsein zu geistiger Wirklichkeit werden lassen. In der Stille seiner Klause sucht er

eine Kommunion mit dem Wesen des Lebens, nicht mit seinen millionenfältigen Einzelheiten, sondern mit dem verborgenen Gesamtwesen, aus dem alle Einzelerscheinungen ihren Ursprung nehmen. Dieses Wesen erscheint ihm im rein geistigen Vorgang seiner Gedankenkunst, geheimnisvoll verborgen wie das Leben auch.

Dem gegenüber das aktive Leben nach aussen, das er als Arzt damals zu führen hatte und mit ebenso grosser Hingabe und Konzentration auch führte, als Kämpfer gegen eine Epidemie, dann gegen rückständige soziale und medizinische Verhältnisse. Mit allen Details des konkreten äussern mühsamen Lebens hatte er zu tun in der Behandlung der Kranken, im Verschreiben der Mittel, verbunden mit den vielen Gängen von Haus zu Haus, dazu die wache Beobachtung aller einschlägigen Erscheinungen und ihre genaue schriftliche Beschreibung in den zwei Broschüren, und schliesslich das keck-mutige Auftreten gegen die Behörden, das mit einer Flucht vor drohender Verhaftung schliesst. Das war ein Leben voll rastloser Arbeit und aufregender Spannungen. Wenn man dies gegeneinander hält, so erkennt man eine ungeheure geistige Spannkraft, die Troxler eigen war, mit der er gleichsam in höchsten Höhen des Ideenlebens verweilen und seine Früchte aus diesem Gebiet herunter bringen konnte, um dann wieder in das irdische Leben ganz einzutauchen, in seine Tiefen von Schmerz, Not und Tragik und hier mit gleicher Intensität sein Ich einzusetzen.

Das ist nicht nur Episode. Das ist der Grundstil seines Lebens: Die grössten Gegensätze in sich zu tragen und ihren Kampf mutig auszufechten. So trat er auf, als er erstmals in Konfrontation mit dem praktischen Leben trat, wo er ganz auf sich allein gestellt war. Dass es weder in Jena noch in Wien geschah, sondern mitten in der Schweiz, von wo er ausgegangen war, war symptomatisch, denn hier sollte der Wesenskampf seines Lebens zum Austrag kommen. In Europa hatte er sich das Rüstzeug zu seinem Kampfe geholt, zuerst als Knabe in der Begegnung mit der französischen Revolution, dann als Jüngling in der Höhenluft der deutschen Klassik: als reifer Mann von 29 Jahren kehrte er zurück auf den Kampfplatz.

Im Oktober 1809 vermählte sich Troxler in Wien mit einem 12 Jahre jüngeren, damals erst 17 1/2 jährigen Mädchen. Von seiner Liebesgeschichte ist uns nichts bekannt geworden. Aebi, sein Freund und Verfasser eines sehr schönen Nekrologs nach Troxlers Tod, will wissen, Troxlers erste Heimkehr im Herbst 1805 habe den Sinn gehabt, die Einwilligung der Mutter zur Heirat mit diesem Mädchen einzuholen, das er in Wien kennen gelernt hatte. Das scheint etwas seltsam, aber nicht ganz ausgeschlossen, denn es wäre damals erst 13 1/2 Jahre alt gewesen. Es müsste sich also um ein sehr früh entwickeltes Kind gehandelt haben. Seine spätere Bewährung als Ehefrau Troxlers würde dafür sprechen.

Ende der Wanderjahre und Niederlassung in Beromünster

Er war 29-jährig. Verheiratung und Rückkehr in die Schweiz hatten nun für ihn einen derart definitiven und das ganze folgende Leben bestimmenden Charakter, dass man von einer tiefgreifenden Schicksalswende sprechen muss. Man kann sie vergleichen mit jenem Entschluss, als er mit 19 Jahren an die Universität Jena ging. Auch jene Wende hatte sowohl äusserlich geographisch wie vor allem innerlich in der Begegnung mit dem deutschen Idealismus einen für alle Folgezeit bestimmenden Charakter. War es damals der Abschluss der Kindheit und Jugendzeit und die Entdeckung seiner geistigen Bestimmung, so diesmal der Abschluss einer wesentlichen Epoche, die man früher als die Zeit der Wanderschaft bezeichnete und die nun durch eine bewusste doppelte Wahl charakteristisch geprägt wurde: die Wahl der Lebensgefährtin und die Wahl des Erdenortes für seine Berufstätigkeit.

Es war nun Troxlers Herzenswunsch, der sich mit jenem seiner Mutter deckte, der jungen liebreichen Gattin die neue Heimat zu zeigen und die Mutter mit der Auserwählten ihres geliebten Sohnes, für den sie so sehr gearbeitet hatte, bekannt zu machen. Für beide Frauen begann ein völlig neuer wichtiger Lebensabschnitt, und für beide bedeutete er die Erfüllung schönster Lebenshoffnungen. Die Mutter bekam ihren Sohn zurück, der ihr nun fortan Trost und Hilfe sein würde, die Gattin bekam eine neue Heimat, ein neues Vaterland, und die schöne Aufgabe, an der Seite eines bedeutenden Mannes Mutter seiner Kinder und Förderin seines Lebenswerkes zu sein. Für sie war der Moment von besonders markanter Art, musste sie doch ihre ganze Herkunft, ihre Familie und ihr Land verlassen, aus den grossen Verhältnissen der Königsstadt Potsdam in das kleine Landstädtchen Beromünster einziehen. Das war ein Wechsel, der einige Kraft der Anpassung verlangte. Ihrem sehr heitern, lebhaften und für alles Neue aufgeschlossenen Naturell schien jedoch die grosse Veränderung nicht bange gemacht zu haben. Dass aber der Anfang der neuen Existenz mit einer argen Überraschung beginnen würde, war wie der Wink des Schicksals, dass sie ein dramatisches Leben gewählt hatte, als sie ihre Liebe dem hitzigen Schweizer schenkte.

Troxler hatte nämlich in seiner Naivität angenommen, die Geschichte mit dem Haftbefehl und seiner Flucht vor 3 Jahren sei unterdessen vergessen worden. Weit gefehlt! Der Haftbefehl war noch in Kraft. Kaum war Troxler im November 1809 in Luzern angekommen, meldete er sich nichts ahnend beim Schultheissen. Dieser eröffnete ihm kurzum, er habe die Wahl zwischen Verhaftung oder sofortiger Abbitte vor dem Sanitäts-rat, wie es die Regierung 1806 beschlossen habe.

Troxler aber wollte von der Abbitte auch jetzt nichts wissen. Da wurde er gefangen gesetzt. Das traf ihn sehr hart in seiner Lage mit der jungen Gattin, und schon am folgenden Tag stellt er das Gesuch, seine teure Minna wenigstens sehen und sprechen zu können. Nach 5 Tagen kommt er ins Verhör. Aber noch immer empfindet er die Demütigung durch eine Abbitte als unerträglich und verlangt die rechtliche Abklärung seiner Schuld durch die richterliche Behörde. Endlich am siebenten Tag vermögen die dringenden Bitten seiner tiefbesorgten Mutter und seiner jungen Gattin den Widerstand seines trotzigen Herzens zu erweichen, dass er die für ihn bitterste Pille hinunterwürgte und die erforderte Abbitte leistete.

Auf Grund seines Jenaer Arztdiploms und des ehrenvollen Zeugnisses von Himly erhielt er nun ohne Weiteres das Luzerner Arztpatent. Die obrigkeitliche Massregelung hatte seinem Ansehen in keiner Weise geschadet, im Gegenteil, denn alsbald eröffnete sich ihm in Beromünster eine Arztpraxis, die zusehends anwuchs, ja ihn in beängstigender Weise beanspruchte, sodass er kaum Zeit fand, die ihm so sehr am Herzen liegenden philosophischen Studien weiter zu führen und in einem neuen Werk umfassend darzustellen.

1810 und 1811 wurden ihm aus der medizinischen Fachwelt unerwartete Ehren zuteil, die seinem wissenschaftlichen Ruf ein gutes Zeugnis ausstellten. Die Ärztegesellschaft des Kantons Bern ernannte ihn im Sommer 1810 mit andern zum Teil berühmten Persönlichkeiten Deutschlands und Frankreichs zum Ehrenmitglied, und im Januar 1811 erhielt er einen Ruf für eine Professur an der neugegründeten Universität Berlin. Die Berner Ernennung verdankte er mit grosser Freude und betonte, dass ihm sehr wertvoll sei das gemeinsame Streben nach Menschenwohl in einem und demselben Vaterland. Die andere Ehrung jedoch musste er ablehnen; in erster Linie war dabei die Rücksicht auf seine Mutter wegleitend, die zu verlassen er nicht übers Herz brachte.

Im Jahre 1812 erschien dann sein philosophisch-anthropologisches Werk, das einen Markstein in seiner Entwicklung darstellt:

»Blicke in das Wesen des Menschen«

»Blicke in das Wesen des Menschen«

Er sagt im Vorwort, die Schrift enthalte die Früchte eines zehnjährigen Studiums, die er bisher nur in Entwürfen und Einzelbruchstücken dargestellt habe. Wer seine früheren Schriften liest, wird den gemeinsamen Faden finden. Es ist ihm wichtig, auf die Eigentümlichkeit seiner neuen Schrift hinzuweisen, und er hegt damit die Hoffnung, »nicht mehr das Unrecht zu erleiden, einer Schule beigezählt zu werden, welcher ich längst mich entwachsen glaubte und mit der ich selbst bereits seit Jahren in Widersprüchen stand«. Er meint damit die Schule Schellings. Doch negiert er keineswegs die fruchtbare Anlage von dessen Naturphilosopie, an der er selbst tätigen Anteil genommen hat. Aber jetzt will er keine Naturphilosophie mehr, sondern Metaphysik, welche das Natürliche *und* das Übernatürliche zusammen zu umfassen vermag.

Mit persönlicher Gegnerschaft zu Schelling hat das aber nichts zu tun, und tatsächlich hat er seine Verehrung und Hochschätzung für Schelling zeit seines Lebens aufrecht erhalten. Es bewegt sich die Abkehr von Schelling rein auf der Ebene der wissenschaftlichen Forschung. Er sucht nun eine Anthropologie, das ist eine Erkenntnis des Menschen, welche dessen Wesen sowohl im Bereich des natürlichen Organismus als auch in jenem andern Bereich umfasst, welcher in die übersinnliche Wirklichkeit hineinragt und bis zum göttlichen Urgrund der Welt reicht. Dieser Teil der Wirklichkeit des Menschen ist ihm aber noch wie ein unerforschter Kontinent vor Augen, erst wie eine geahnte und von ferne sich ankündigende Erkenntnis. Darum ist schon der Titel so gefasst, dass er nicht das *Wesen* des Menschen mit Sicherheit und Klarheit darstellen möchte. Es sollen nur »Blicke« in dieses Wesen sein. Das ganze Buch besteht eigentlich aus Aphorismen und ist deshalb für einen heutigen wissenschaftlichen Leser merkwürdig und vorerst unverständlich. Er findet darin nichts Fertiges, in festen Begriffen Abgeschlossenes. Troxler tastet gleichsam das ganze Menschenwesen in allen seinen Dimensionen ab und stösst auf tiefe Rätselfragen, die auf unerforschte Bereiche hindeuten. Er hütet sich, zu früh schon abzuschliessen und irgendetwas von der Totalität des Menschen als unerforschbar auszuschliessen und sich auf ein auf das bloss Natürliche reduziertes Bild des Menschen zu beschränken. Er weiss, dass die noch verborgenen Tiefen des Menschen auf Erkenntnis warten, aber sich nur eröffnen, wenn sich der Mensch entsprechende Erkenntnisorgane entwickelt. Alle Stellen, die auf die grossen Rätselfragen hindeuten, werden von ihm ins Auge gefasst, aber in vorerst anfänglicher Art zu umschreiben versucht. Geht man unter diesem Gesichtspunkt an die Lektüre des Buches, so wird einem die umfassende Weite des Ganzen bewusst. Man wird von Phänomen zu Phänomen geführt, wie etwa beispielsweise: die zwei Geschlechter, Geburt und Tod, Gesundheit und Krankheit, Individuum und Gattung, die drei Bewusstseinsarten Wachen-Träumen-Schlafen, das Wesen des Blutes und der Atmung, die Viergliedrigkeit des Menschen in Körper, Leib, Seele und Geist, die Doppelnatur des Menschen als irdisch-diesseitiger mit der Materie Verbundener und als geistig-moralischjenseitiger mit einer höheren, göttlichen Welt Verbundener. Ein Endliches und Unendliches, ein Sterbliches und Unsterbliches, das sich im geistigen Glied des Menschen in seinem Selbstbewusstsein offenbart, deutet auf die geheimnisvollste, verborgenste Tiefe des Menschen. Andersartige Rätselfragen stellen sich im Vorstellungs-, Erinnerungs-, Begehrungs-, Urteils-, und Sprachvermögen, und wieder andere in Schreck und Zorn, Freud und Leid, Liebe und Hass, Gleichmut und Enthusiasmus, Gut und Böse. Wir verzichten auf Vollständigkeit und wollen nur zeigen, dass Troxler in der Gesamterfassung aller Phänomene und in der

Deutung ihrer Aufgabe und Rolle im Gesamtwesen die Aufgabe einer zukünftigen Anthropologie sieht, die er zugleich als seine Aufgabe betrachtet, die sein Lebensziel und das Tagewerk seiner ganzen Folgezeit sein soll. So ist diese Schrift wie eine Art Programm und zugleich eine Kampfansage an alle Tendenzen, die den Menschen als Zentrum der grössten Weltgeheimnisse negieren und ihn nur vom sinnlichen und irdischen Wesen aus erklären wollen.

Arztpraxis in Beromünster 1809 - 1819, Familienleben und Freundschaft mit Zschokke

Eigenartig ist, dass Troxlers Leben eine deutliche Gliederung nach Jahrzehnten aufweist, besonders zwischen dem 20. und 50. Lebensjahr. Studium und Wanderjahre umfassten das Jahrzehnt 1799-1809, beginnend mit dem Auszug in die »Fremde« und abschliessend mit der Rückkehr in die Heimat, der Gründung der Familie und der Eröffnung der Berufstätigkeit. Jetzt folgte das Jahrzehnt der Arztpraxis im Geburtsort Beromünster, wo die Mutter lebte.

Das folgende Jahrzehnt zeigt sich begrenzt durch den Abschied vom Arztberuf, nach der Wahl als Lehrer der Jugend in Philosophie, Geschichte und Rechtslehre in Luzern und Aarau von 1819-1830. Der Abschluss dieses Jahrzehnts wurde wieder durch eine grosse Veränderung gekennzeichnet: seine Wahl als Professor an die Universität Basel.

In Beromünster ist Troxler in dreifacher Tätigkeit begriffen: als praktischer Arzt, als Forscher und Schriftsteller und als Politiker. Die letzte Tätigkeit begann plötzlich, als durch den Sturz Napoleons das ganze Gefüge der Schweiz und Europas in Bewegung kam und Troxler sich zur aktiven Mitarbeit an der Neugestaltung der Schweiz entschloss, einem Rufe folgend, den er schon im Knabenalter von 12-14 Jahren vernommen hatte; denn »Freiheit des Vaterlandes war seine erste Liebe«.

Hinzu kam in dieser Epoche seines Lebens das Heranwachsen einer grossen Kinderschar. In 10 Ehejahren waren ihm 8 Kinder geboren worden, später noch drei. Zwar hatte Troxler eine tüchtige und aufopferungsfreudige Gattin. Aber er selbst stand nicht zurück in der Hingabe an das Familienleben.

Wer war Wilhelmine Polborn aus Potsdam? – Tochter eines

Bildhauers und entfernte Verwandte des Philosophen Fichte. »Eine herrliche Gestalt von den frischesten und gesundesten Reizen und von dem gebildetsten Verstand, tief eindringend in des Freundes Gedanken, Wünsche, Richtungen und Pläne, eine wahre Gertrud Stauffacher, hilfreich zu jeder Stunde mit Rat und Tat. Den Blick ihres klaren durchdringenden Auges, den etwas strafenden Zug in den Mundwinkeln, konnte kein Weichling und kein Junker von der damals üblichen Sorte aushalten«, so charakterisiert sie vielsagend ein Freund Troxlers.

Ein anderer Freund vergleicht Troxler mit seiner Frau: »Ein liebenswürdiger Gelehrter, ziemlich klein, der sich ein wenig durch einen hahnenkammartigen Haarschopf, der hoch über die Stirn vorragte, entstellte. Dagegen war seine junge, wunderschöne Frau eine wahre Riesin, wie sie denn auch, aus Potsdam gebürtig, von der alten preussischen Garde zu stammen schien. Eine vollkommenere Vereinigung von Körpergrösse und Formenschönheit sah ich nie wieder.«

Ein dritter Freund hebt noch ganz andere Qualitäten hervor: »Sie war mit ihrem Manne in allem was er tat, einverstanden und schien ihn noch da zu stacheln und anzuspornen, wo er etwa allein säumig gewesen wäre. Sie hatte sich als Gattin Troxlers mit allem, was der Schweiz nottat, identifiziert. In der Tat ist sie ihrem Gatten eine treue Gefährtin geblieben mitten in allen Stürmen, die ihn umtobten.«

Verschiedene andere Zeugnisse mit diesen zusammen deuten unzweideutig daraufhin, dass Troxler in dieser Frau wahrhaftig die ihm ebenbürtige, ihn trefflich ergänzende und seine Lebensziele nach Kräften fördernde und ihm in wunderbarer Treue ergebene Gefährtin gefunden hatte. Ausserordentlich ist die Persönlichkeit Troxlers. Ebenso ausserordentlich war seine Ehe. Dass ein Mann von so rastloser Tätigkeit und mutiger Kampfeslust, die ihm zweimal die äussere Existenz kosten sollte, in seiner Frau noch eine Anspornerin hatte für die Fälle, »wo er etwa allein säumig gewesen wäre«, erscheint geradezu als ein seltener Glücksfall.

Zu dieser Seltenheit passt gut ins Bild, dass Troxler seinen heimatlichen Dialekt verlernt habe und für sich und die Familie sich

ganz die hochdeutsche Sprache angeignet habe, nicht aus irgendeiner Abneigung zu seinem Volk und seiner Heimat, das wäre
bei Troxler undenkbar, aber aus einer doppelten grossen Liebe,
denn es war die Sprache Schellings, Fichtes und Hegels und die
Sprache seiner innigst verehrten Braut und Gattin. Er beherrschte
sie in Wort und Schrift in glänzender Weise, und für den
Schriftsteller und späteren Lehrer und öffentlichen Redner war
das eine ebenso glänzende Voraussetzung. Manche seiner Zeitgenossen haben seine sprachliche Gewandtheit lobend erwähnt, die
sich schöpferisch in ganz eigenen Wendungen, sogar in neuen
Adjektiven und Substantiven, wie auch im Spott gegen seine
Gegner manchmal überschäumend betätigt habe. In seinen
Schriften kann man das auch heute noch wahrnehmen und sich
daran freuen.

Troxlers glühende Liebe zu seiner Gemahlin und sein sorgen-
des Mitfühlen mit ihr ist in seinen zahlreichen Briefen unverhüllt
zum Ausdruck gekommen, die er ihr aus dem Gefängnis in
Sursee im Jahre 1814 zusandte. Es ist schwer auszumachen, welcher brennende Schmerz stärker war, derjenige über die empörend ungerechte Gefangenschaft oder der andere über die Trennung von seiner Gemahlin.

Volle 50 Jahre dauerte diese glückliche und kaum je durch eine
Belastung bedrohte Ehe. Als Frau Troxler nach einem längeren
Leber- und Magenleiden im Jahre 1859 mit 67 Jahren verschied,
hat Troxler ihr ein schönes Lob nachrufen können:

»Sie hat mit ihrem Gatten alle Geschicke seines wechselvollen
Lebens in Glück und Unglück, in Freud und Leid mit liebender
Anhänglichkeit geteilt. Mit häuslichem Sinn, fröhlichem Gemüte
und unausgesetzter Tätigkeit lebte sie in höchster Einfachheit,
empfänglich für alle edlen Genüsse, sich in alle Verhältnisse
fügend, im Familienkreise sinnig wirkend und nach allen Seiten
ratend, sorgend, helfend.«

»Ich habe jetzt alles verloren und lebe nur noch mit gebroche-
nem Herzen und vereinsamt«, klagte er einem Freund. Er hätte
gewünscht, mit ihr sterben zu können.

Wir kehren zurück in jene bewegte Zeit der aufwachsenden
Kinderschar. Es sind die zwei Jahrzehnte von 1810-1830.

Bei Troxlers intensiver Tätigkeit als praktischer Arzt, als Forscher und Schriftsteller und als Politiker, der das Zeitgeschehen in ganz Europa wachsam verfolgte und ohne Unterlass nach Möglichkeiten suchte, die öffentlichen Verhältnisse der Schweiz zu reformieren, ist es fast unfasslich, dass er auch noch mit ganzer Seele sich dem Familienleben inmitten der Kinderschar widmen konnte, da er ja noch fortwährend ein bestimmtes Pensum an Lektüre absolvierte, um über Neuerscheinungen in Philosophie, Staatswissenschaft und Medizin des In- und Auslandes auf dem Laufenden zu sein. Seinen späteren Schriften zufolge war er von einer immensen Belesenheit. Nicht zu vergessen aber auch sein Briefwechsel mit mehreren Freunden, denen er zum Teil lange Briefe sowie kleine Abhandlungen widmete. »Er ist ein Arbeitstitan sondergleichen« hat jemand mit vollem Recht gesagt.

Seine Klagen über Überbelastung wollen in jener Zeit in den Briefen an Freunde allerdings nie verstummen:

»Für Schriftstellerei lässt sich nicht leicht eine ungünstigere Lage als meine denken; nicht auf eine einzige freie Stunde kann ich sicher rechnen. So solls nicht immer sein. Dass es einst besser werde, schränken Minna und ich uns im Häuslichen sehr ein, und mühselig gründe ich mein häusliches Glück, oder besser meine Notwehr gegen Bedrängnis.« Sein Ziel ist ja, die medizinische Praxis einmal ganz aufzugeben. Er nennt sie »ein Meer von Kalamitäten und ein Frondienst«. Ein andermal tönt es in einem Brief noch dringender: »Von morgens 5 Uhr bis spät in die Nacht kann ich meistens keinen freien Atemzug tun und muss rennen wie ein gehetztes Tier«.

Trotzdem genoss Troxler in vollen Zügen, was Kinder alles ins Leben bringen durch ihre reine Freundschaft, ihre wunderbare Bejahung von Welt und Leben und durch die Offenbarungen ihres innern Werdegangs. Als Erforscher des Menschenwesens war er auch hier ganz offen, und die geheimnisvollen Beziehungen der Gattenliebe, der Mutter- und Vaterliebe waren ihm Gegenstand tiefen Fragestellens und Nachdenkens. Das tägliche Beobachtungsfeld fesselte ihn mit Begeisterung.

Aber gerade hier schlug ihm das Leben tiefe Wunden. In den Jahren 1815–1819 verlor er vier seiner Kinder durch akute

Krankheiten, die damals noch, im Gegensatz zu heute, in den meisten Fällen zum Tode führten: Keuchhusten, Diphterie und Scharlach. Zwei starben im zartesten Säuglingsalter und zwei im schönsten Kindheitsalter von 8 Jahren.

In vielen Biographien jener Zeit hören wir vom Sterben der Kinder, kaum eine Familie wurde verschont, und man würde fast annehmen, dass diese Tatsache wie selbstverständlich zum damaligen Leben gehörte. Dem ist aber nicht so. Sehr eindrücklich ist das bei Troxler zu verfolgen. Im Frühling 1818 entriss ihm der Tod seinen Erstgeborenen, den Knaben Paul Michael Vital. Troxler war lange Zeit fast untröstlich. Sein Innerstes war aufgewühlt und der Schmerz warf ihn zuerst gänzlich nieder.

Ergreifend ist Troxlers Vaterklage an seinen Freund Varnhagen um den Verlust seines ältesten Kindes, den achtjährigen Vital, im Frühling 1818:

»Sie, mein innigst Verehrter und Treuester, dachten wohl nicht, zu welch tief gebeugtem Vater Ihr letztes gerichtet war. Nun lassen Sie mich vor allem klagen. Ich leide an einem Schmerz, unter dem mein Herz zu brechen droht. Mein Köstlichstes, mein Bestes und Liebstes habe ich für dieses Leben verloren. Über alle Begriffe herrlich hatte sich mein Erstgeborener und Einziger körperlich und geistig entfaltet, und auf einmal und immer entreisst mir der Tod meine Freude, meine Hoffnung, meinen Stolz, zerschmettert mich wie ein Blitz vom heitern Himmel. Sie können sich kaum vorstellen, was mein Vital war und zu werden verhiess. Spielend erfasste er das Grösste, beschämte mich oft mit seiner göttlich-kindlichen Weisheit und machte mich zittern, wenn ich an seine fernere Erziehung dachte. Dabei war er der munterste und heiterste Junge, sehr gross und stark für seine Jahre, ungemein blühend und lebhaft, und plötzlich zur Zeit einer wilden Seuche, die mich ununterbrochen drei Monate Tag und Nacht beschäftigte, ergreift ihn ein cephalisches Fieber, dessen Unheilbarkeit ich im ersten Augenblick erkannte. Während 14 Tagen und Nächten rang ich – einsam stehend, doch mit Zuzug von andern Ärzten, die mir aber wenig leisten konnten – als Arzt mit dem übermächtigen Tode um das Leben meines teuersten Kindes und konnte ihm nichts abzwingen, als einzelne Schimmer von Hoffnung, die mir nur mehr mein Elend erhellten und mir in der geistvollen Fassung und seelenstarken Entschlossenheit, mit der der Junge männlich sein grosses Leiden trug, die Höhe seiner Reife und Vollendung erblicken liess.«

Einen Monat später schrieb er an Ernst Münch: »Noch immer, und wann nicht mehr, leide ich am Wundfieber meiner Seele, das mir jede Beschäftigung erschwert. Ich war gewöhnt, vieles leicht zu tun. Jetzt verschlingt ein störender Gedanke alle meine Zeit und verzehrt meine Kräfte.«

Gleichzeitig hatte ihm das Leben die wunderbare Freundschaft mit Heinrich Zschokke geschenkt, die damals sich gerade in ihrem herzlichsten Stadium befand und die auch ihre beiden Frauen ebenso herzlich umfasste. Sie sollte später noch für Troxler zu grosser Wichtigkeit heranwachsen. Von diesem Freund kamen ihm nun die aufrichtenden Kräfte des Trostes zu.

Zschokke war auch mit einer Kinderschar gesegnet, aber im Gegensatz zu Troxler, der mehrheitlich Töchter bekam, mit 12 Knaben und einem einzigen Mädchen. Auch er hatte mehrmals den Tod von Kindern beklagen müssen, zeitlich nahe den Todesfällen in der Familie Troxler, und so war er vorbereitet, die helfenden Worte für den Freund zu finden. Über die gleiche Art der Erlebnisse hinausgehend, konnte Zschokke auf Grund innerer moralischer Kompetenz eine Art Seelsorgeraufgabe an Troxler übernehmen. Sie standen sich nahe in der Begeisterung für die Idee der Freiheit und der Menschenbildung im öffentlichen Leben, in der Opposition zu den herrschenden Mächten der Zeit, beide waren vielseitig begabt und rastlos im Produzieren neuer Ideen für das öffentliche Wirken. Doch repräsentierte Zschokke eine andere Temperamentsmischung, einen andern Lebensstil, eine andere Geistesart als Troxler. Er hatte sich schon einen hohen Grad von überlegener Ruhe und Gelassenheit gegenüber den Widerwärtigkeiten des Lebens und den schweren Schlägen des Schicksals und selbst gegenüber dem Tode erworben. Das kam nun in seinen Briefen an Troxler zu erhebendem Ausdruck. Als er selbst im Februar 1817 den »vierjährigen Engel Hermann« an Masern und Diphterie verlor, schrieb er an Troxler: »Tröste mich nicht. Meine zerrissenen Gewohnheiten bluten, aber ich bin stillfreudig zu Gott.«

56

Als Troxler im März des gleichen Jahres ein Mädchen geboren wurde, schrieb Zschokke: »Glückauf zu dem neugeborenen Töchterlein. Es werde schön und gut wie seine Mutter. Dich hat der Himmel lieb. Darum zog er Deinen holden Julius an sich, um Dich mitzuziehen ins Himmlische. *Das* wirst Du doch fühlen und erkennen, Du bist kein so guter und so religiöser Mensch *vor* Deines Kindes Tode gewesen, als *nach* demselben.«

Julius war das erste der vier Kinder, die Troxler wegstarben. Das geschah im Sommer 1815, anlässlich eines längeren Aufenthaltes seiner Familie in Potsdam bei den Angehörigen der Gattin. Sie hatte dort ihre Niederkunft. Nach 3 1/2 Wochen erlag das Knäblein einer dort wütenden Keuchhustenepidemie.

Zur Zeit von Troxlers Trauertagen schreibt ihm Zschokke über seinen verstorbenen Guido: »Der schönste meiner Söhne, im reizenden Alter von zwei Jahren an Diphterie gestorben. Die ganze Familie feiert seinen Geburtstag als Festtag unseres Hauses, zu welchem alle Glieder der Verwandtschaft eingeladen werden. Wir feiern nur seinen Geburtstag, denn gestorben ist er uns nicht. Er lebt, so gewiss wir leben und Gott lebt. Auch unser Leben ist durch seinen Abschied ein höheres geworden. Seitdem gräme ich mich um nichts mehr, hadere um nichts mehr, ertrage geduldig der Menschen Torheit.«

Nach dem Verlust von Troxlers Sohn Vital war Zschokkes Sohn Emil in Beromünster auf Besuch. Zschokke schreibt ihm hiezu: »Vielleicht war es nicht zart von mir, Dir eben jetzt den Emil zuzuschicken, dessen Anblick Deinen Schmerz erneuern musste.« Aber Zschokke kennt seinen Freund schon gut genug, um nicht das Mass und den rechten Ton zu verfehlen. Der geistige Austausch zwischen ihnen war zu einer Offenheit und Lebendigkeit herangereift, dass Zschokke dem Freund in seiner innern Not auf eine Weise zusprechen kann wie ein Arzt, der mit sicherem Blick das wirksame Mittel findet; denn Zschokke sieht den Freund in Gefahr, sich ganz in seinen persönlichen Schmerz festzuhaken und keinen Ausweg zum Weiterschreiten zu finden, um wieder freien Blick zu bekommen. Er schreibt ihm deshalb in einem langen Brief 2 Monate nach dem Tod des Kindes:

»Solange wir den Augenblick noch für Alles und das Vergängliche, was es auch sei, für das Süsseste halten, stehen wir als ewige Geister noch nicht, wo wir stehen sollen im All der Dinge, sind wir noch zu tierisch. Wenn wir glücklich sind, sollten wir uns am stärksten auf das Unglück vorbereiten. Je mehr Du jetzt leidest durch Vitals Verschwinden, je mehr warst Du um Deines Selbstes Willen dieses Verschwindens bedürftig.

Ich rede zu Dir, wie man zu einem Geist reden soll, der gross und lichtvoll und stark ist und zu höheren Bestimmungen berufen, wie der Deinige. Du musst Dein inneres Gleichgewicht wieder finden. Vital und Guido leben noch mit uns im Vaterhause, wie auch alle jene noch leben, die wir gestorben nennen. Wir haben keine Ewigkeit erst zu erwarten, wir sind schon mitten in ihr.«

In einem andern Brief findet er weitere Worte, die den Freund über den Tiefpunkt hinüber begleiten wollen:

»Ich verstehe den ganzen Schmerz, den Du in Deinem Briefe ausgossest. Dein *Irdisches* blutet und schmerzt Dich noch zu sehr, es bluten die zerrissenen schönen Gewohnheiten des Daseins, die Dir mehr gelten als sie gelten sollten. Darum findest Du in diesem Leben noch nicht den Sühnepunkt, wiewohl er vorhanden ist, nicht ausser Dir, sondern in Deinem Geist, dem Ewigen, und schon in diesem und jedem Augenblick.«

Im Hinblick auf Troxlers neue Forschungspläne gibt er ihm den Rat: »Mache Dich an Deine grosse Arbeit, aber mit dem stillen Ernst eines der Welt abgestorbenen Geistes, der von der Welt nichts Böses mehr fürchtet, nichts Gutes mehr begehrt, nur wie Gott und die Natur das Ewigrechte, nämlich das Wahre aussprechen will. Weine Dich zuweilen in einer Einsamkeit recht satt, dann sei wieder hell auf.«

Eine besondere Note kam hinzu in dieses intime Gespräch, als Troxler im Sommer jenes Jahres ein Mädchen geboren wurde und er in einem Brief nur leise eine Enttäuschung angedeutet hatte, dass es nicht ein Knabe war. Da war Zschokke sogleich bereit, auch im Namen seiner Frau, beruhigend und leise tadelnd einzugreifen: »Als ob Du es besser wüsstest, was Dir lieb sein sollte, besser als der, ohne dessen Liebe Du selbst nicht wärest. Wir fühlen ganz Deinen Kummer, aber unsere drei nachgefolgten Buben haben unsern Guido nicht ersetzt und Deinen Vital würde kein anderer Sohn zur Vergessenheit gebracht haben. Jedes Kind hat seinen Selbstpreis, durch welchen es unser Herz an sich zieht. Aber Guido gehört noch zu uns, wie Vital zu Euch. Wir haben nichts verloren, solange Gott unverloren ist.«

Troxler hatte sich auch in Selbstpeinigungen ergangen, indem er darüber nachgrübelte, ob er bei Vitals Krankheit vielleicht zu wenig oder zu viel getan habe, oder ob er ihn ganz der Obhut eines fremden Arztes hätte überlassen sollen. Zschokke verwehrt ihm solche Grübeleien und erinnert ihn an das eherne Gesetz der Naturordnung, dem wir untertan sind, dass wir sterben müssen. Grossartig ist es, wie Zschokke den Freund in die grossen Horizonte führen kann: »Nur die freie Geisterwelt ist dem Gesetz des Todes nicht unterworfen. Gott lebt, Du lebst, Vital lebt, alles Leben lebt. Ich ergebe mich schweigend in den göttlichen Willen des göttlichen Vaters. Mein Geist hängt am Vater des Weltalls. Der Tod hat etwas Festliches, Grosses, wie alles, was von Gott kommt. Der Tod meiner Kinder heiligt mich, reisst mich vom irdischen Gaukelspiel weg dem Göttlichen zu, läutert meine Gefühle, meine Gedanken.«

Troxler standen in seinem weiteren Lebenslauf noch schwere Kämpfe und schmerzvolle Erlebnisse bevor und jene innere Ruhe, über die Zschokke schon verfügte, hatte er noch zu erringen. Hier zeigt sich die Andersartigkeit seines Lebenskampfes gegenüber Zschokke, die ihrer ganzen Lebensleistung einen verschiedenen Charakter gibt, aber ihrer tiefen Freundschaft über längere Zeit hinweg nicht hinderlich ist.

An dieser Stelle ist es vielleicht angebracht, auch Troxlers äussere Erscheinung zu erwähnen. Seine Leibesgestalt trug eindeutig die Merkmale des cholerischen Temperamentes: ziemlich klein, untersetzt, aber stark und geballt, struppige Haare, Adlernase, zwei blaue Augen, die gross und durchdingend dreinschauten, stolzer, lebhafter Gesichtsausdruck, der leicht ins karikaturhafte hinüberspielte. Verschiedene Zeitgenossen sprechen von seinem edlen Gesicht, das lebhaft in schöner Zeichnung ein feines und wohlwollendes Lächeln formen konnte und die ausserordentliche Lebhaftigkeit des Gesichts temperierte. Der stolze Ausdruck verriet das Gefühl von Wert und Kraft seines Genies. Die ganze Gestalt war unstreitig geprägt von Kraft und Güte, Energie und Scharfsinn. Andere sprachen auch von seiner Liebenswürdigkeit und seiner sprühenden lebendigen Rede. In der Schule wirkte sie begeisternd, elektrisierend, in Versammlungen und politischen Reden wirkte er beherrschend und schleuderte zornige Blitze nach allen Seiten, entweder begeisterte Zustimmung oder spontanen Widerspruch provozierend.

Willi Aeppli, einem der ersten Troxlerforscher, gelang es um 1930 in Aarau einen Greis ausfindig zu machen, der als kleiner Knabe Troxler noch persönlich gekannt hat. Dieser damals 80-jährige Mann bezeugte den unauslöschlichen Eindruck, den Troxlers Gestalt auf ihn als Büblein gemacht hatte, indem er erzählte: »Wenn wir wilden Buben auf der Stadtseite in Aarau gegen das Bord der Aare herumtollten, geschah es oft, dass Troxler vom jenseitigen Ufer über die Brücke stadtwärts ging. Kam er dann in unsere Nähe, wurden wir ganz still. Jeder lüpfte das Käppchen, hielt es in der Hand und wartete am Strassenrand, bis Troxler vorüber gegangen war. Wir taten es jedesmal, obwohl es uns niemand befohlen hatte. Er hat unsern Gruss jeweilen erwidert und schaute uns dabei so durchdringend an, dass wir einen Augenblick den Atem anhalten mussten, so einen gewaltigen Respekt haben wir Buben vor ihm gehabt.«

Im Sommer 1819 schlägt von neuem der Tod unbarmherzig zu und raubt ihm das zweitälteste Kind, die Tochter Henriette, die ihm 1811 geboren wurde. Er schreibt zu diesem neuen Schlag einem Freund: »Meine Heinricke, nach Vital das älteste und teuerste meiner Kinder, an Herz was er an Geist, die süsse Gefährtin in meinem Exil und auf den grossen beschwerlichen Reisen (1814–1816, wie später dargestellt wird). Sie, die hoffnungsvolle ist nun auch nicht mehr. Vor 8 Tagen stand sie noch in voller lebenskräftiger Blüte. Denken Sie sich meine und meiner armen guten Minna, die in dem sehr entwickelten achtjährigen Mädchen eine Vertraute und Freundin verliert, herzbrechende Lage. Welch ein Verhängnis verfolgt uns. Wir waren die glücklichsten Eltern und hatten die herrlichsten Kinder, und nun schon zwei Knaben und zwei Mädchen verloren. Ich besonders hasse nun wahrhaftig die Heilkunst, die mich das Teuerste nicht retten lässt. Wenn je, so bin ich jetzt entschlossen, der praktischen Medizin, die mich in glücklicher Behandlung anderer nur mein eigenes Unglück tiefer und zermalmender fühlen lässt, zu entsagen.« Wenig später war es dann soweit. Der Verlust dieses Kindes veranlasste ihn, entgegen anfänglichem Zögern, die dargebotene Lehrstelle in Luzern anzunehmen.

Troxler greift zum ersten Mal aktiv in die Politik ein.
Reise an den Wienerkongress

Im Vergleich zu den 5 Jahren der Helvetik war die Mediationsverfassung von 1803 ohne Zweifel ein Fortschritt. Aber am Massstab einer wirklich demokratischen Verfassung gemessen, war sie weit entfernt, befriedigen zu können. Vor allem haftete ihr der Makel an, der Schweiz durch Napoleon auferlegt worden zu sein. Aber diese Verfassung hatte auch sonst wesentliche Mängel, die ihr den Charakter des Provisoriums gaben. Zwar gab es keine Untertanengebiete mehr. Aber von voller Rechtsgleichheit und Gewaltentrennung war sie noch weit entfernt. Noch hatten in den Räten z.B. die Städte als Kantonshauptorte ein unverhältnismässiges Übergewicht. Von Presse-, Glaubens und Gewissensfreiheit stand nichts in der Verfassung. Die Zensur waltete ihres Amtes. Manche Verhältnisse wurden aus Unfähigkeit oder Sparsamkeit der Verantwortlichen offensichtlich vernachlässigt und zeitigten Missstände. Solche hatte ja gerade Troxler 1806 aufs Korn genommen.

Nach Napoleons Niederlage in der Völkerschlacht von Leipzig geriet in der Schweiz alles in Bewegung. Ende 1813 beschloss die Tagsatzung die Abschaffung der Mediationsverfassung und die Schaffung eines neuen Bundes der 19 Kantone. Das Ende der Abhängigkeit von Frankreich schien gekommen, an deren Stelle aber trat eine neue, nämlich von Österreich. Was sollte nun werden? Widerstrebende Kräfte regten sich allenthalben. Es drohte ein Chaos auszubrechen. Deshalb beschloss die Tagsatzung am 15. Januar 1815, die Kantone sollten die bisherige Ordnung bis zur Neukonstituierung der Eidgenossenschaft beibehalten und nicht durch voreiliges Einschreiten die Ordnung gefährden und ein Einschreiten der Mächte veranlassen.

Dessenungeachtet verabredete Schultheiss Rüttimann mit Unterstaatsschreiber Pfyffer an der Tagsatzung in Zürich, die Luzerner Verfassung zu ändern, ohne dass sie hiefür einen gesetzmässigen Auftrag hatten. Zu gleicher Zeit machten 21 Mitglieder der früheren aristokratischen Regierung eine Eingabe an die bestehende, rechtmässige Regierung, der Rüttimann als Schultheiss selbst angehörte. Sie erklärten darin: Die Mediation ist aufgehoben, also sind die Rechte der früheren Regenten wieder hergestellt, also *muss* die Regierung die Gewalt in deren Hände legen und abtreten. Die Aristokraten werden dann selbst die nötigen Modifikationen des Staates vornehmen. Das war eindeutig gesprochen. Aber leider stand kein Wort von Rechten des Volkes in dieser Proklamation.

Der grosse Rat wies das Begehren der 21 Patrizier ab und beauftragte die Regierung, alle Mittel zu gebrauchen, um Sicherheit, Ruhe und Ordnung zu erhalten. Eine grosse Spannung lag über dem Land, die sich leicht entladen konnte. Da die Tagsatzung, wie schon vor 1798, weder Autorität noch Machtmittel besass, um den Strom des Geschehens zu leiten, war der Willkür in den Kantonen Tür und Tor geöffnet.

Aufs höchste besorgt um die Rechte des Volkes und die Freiheiten des Bürgers veröffentlichte jetzt Troxler eine anonyme Flugschrift: »*Ein Wort bei Umbildung des Kantons, von einem seiner Bürger.*« Er erhoffte sich eine freie und öffentliche Diskussion über die Verfassungsfrage und zwar in Fortführung der schon am 31. Januar 1798 dem Volke zugestandenen Rechte an der Mitwirkung am ganzen Staatsleben und der Weiterentwicklung und Verbesserung der in der Mediation begonnenen und stecken gebliebenen Reform, deren Ziel der Freistaat auf der Grundlage der Rechtsgleichheit und der demokratischen Freiheit der Bürger war. Er holte in seiner Schrift aus zu grundsätzlichen Überlegungen über das Wesen des Staates, der aus dem Geiste des Volkes hervorgehen muss, und der kein anderer als ein freiheitlicher Volksstaat sein kann. Um auf die besondern Verhältnisse im Kanton Luzern einzugehen, schlägt er eine interessante Dreigliederung vor für die Vertretung in den Behörden und beim Aufbau des Staatsorganismus. Es sollte eine Vermittlung zwischen zwei Extremen sein: Zwischen der Hauptstadt und der Landbevölkerung bestand eine nicht zu leugnende grosse Diskrepanz in bezug auf Bildungsstand und politische Erfahrung. Wollte man einzig *hierauf* Rücksicht nehmen, ergäbe sich ein grosses Übergewicht der Stadt. Wollte man aber rein auf die Bevölkerungszahl abstellen, so würde eine erdrückende Mehrheit der Landbevölkerung resultieren. Beides ist für einen guten Fortgang der Dinge unerspriesslich. Hier setzt Troxler mit dem Kernpunkt seines Konzeptes ein: ein vermittelndes Glied zwischen den Gegensätzen, das zustande kommen kann durch die vier Landstädtchen Willisau, Sursee, Sempach und Beromünster, denen eine besondere Stellung im Aufbau des Ganzen einzuräumen wäre, da dort durch eine gewisse Konzentration der Kräfte auf gewerbliche und kulturelle Tätigkeit ein besonders geartetes Bürgertum entstanden war, das befähigt wäre, dieses vermittelnde Element zwischen der ländlichen Bauernbevölkerung und der kulturell vorgerückten und dadurch etwas isolierten Stadt auszuüben.

Doch Troxler kam bereits zu spät. Seine Schrift war zur Wirkungslosigkeit verurteilt. Denn am 16. Februar 1814 war das Unglück geschehen. Rüttimann hatte heimlich ein Komplott mit einigen Eingeweihten verabredet. Durch undurchsichtige Verzögerungstaktik hatte er die von der Regierung eingesetzte Verfassungskommission, deren Präsident er war, an ihrer Arbeit gehindert und wartete auf den günstigen Tag, um loszuschlagen und den wiedererwachten Herrschafts- und Vorrechtsansprüchen der Aristokraten Genüge zu tun. Er hatte als Schultheiss, wie alle andern Regierungsmitglieder und Staatsbeamte, den Treueid auf die Rechte des Volkes, die in der Verfassung niedergelegt waren, geschworen. Was er nun vorhatte, bedeutete einen ruchlosen Verrat an diesem Eid und an den heiligen Rechten des Volkes. Hatte er somit nicht den geringsten Rechtsgrund für sein Vorhaben, so musste mit rücksichtsloser Gewalt und Hinterlist vorgegangen werden.

Es geschah am 16. Februar 1814 gegen Abend. Am Morgen war Regierungssitzung gewesen, in der eine Proklamation an das Volk beschlossen wurde, um das Vorgehen in der Verfassungsfrage innerhalb der gesetzlichen Ordnung bekannt zu geben. Ohne einen Grund angeben zu können, verweigerte Rüttimann seine Unterschrift zu dem Beschluss, entfernte sich aus der Sitzung und hob sie auf diese Weise eigenmächtig auf.

Am frühen Abend wurde der Gewaltstreich von einer Rotte Aristokraten und ihren Helfeshelfern in Szene gesetzt: Mit bewaffneter Hand wurden das Zeughaus und das Regierungsgebäude überfallen, alle Wachen der Gewehre beraubt und die Mitglieder der Regierung und des Appellationsgerichtes, es waren die Kollegen Rüttimanns, die er schmählich hintergangen hatte, verhaftet und in entwürdigender Weise wie Verbrecher eingesperrt. Vor der Aktion waren verschiedene verleumderische Gerüchte verbreitet worden, so beispielsweise, es seien 5000 Mann Landtruppen auf dem Anmarsch, um die Stadt zu überfallen. Diese Gerüchte versetzten die Bevölkerung in Wut, so dass dann der Gewaltstreich wie eine Abwehraktion erschien und vollkommen gelang. Die zum Schutze der Bevölkerung und der Regierung ausrückenden regulären Milizen wurden von Rüttimann unter Versprechen von doppeltem Sold und Gratisbewirtung wieder heimgeschickt. In diesem Moment sprach er aber bereits in seiner Eigenschaft als Chef der von ihm selbst durch Gewalt eingesetzten Regierung, während die Milizen in seiner Person noch den Amtsschultheissen ihrer rechtmässigen Regierung glaubten. Er missbrauchte also auch seine frühere Autorität als Chef einer demokratisch gewählten Regierung. Die Verhafteten wurden strengstens bewacht und von allem Verkehr nach aussen abgeschnitten, und nur nach und nach, die letzten erst nach 6 Wochen in Freiheit gesetzt, nachdem ihnen das Versprechen abgezwungen worden war, nichts gegen die nun folgende aristokratische Verfassung zu unternehmen und die neue Regierung anzuerkennen.

Unter dem niederschmetternden Eindruck dieser Vorgänge verfasste Troxler eine zweite Flugschrift:

»Die Freiheiten und Rechtsame der Kantonsbürgerschaft Luzerns nach dem Laufe der Zeiten.«

Diese zweite Schrift ist ein sachlich begründeter Protest gegen die jüngst stattgefundenen Vorgänge, die »kein Heil für die Zukunft versprechen«, da sie einen flagranten Rückschritt in die Zeit vor 1798 bedeuten. Diese Zeit sei aber endgültig vorbei, wie Troxler durch den Hinweis auf die Proklamation vom 31. Januar 1798 einleuchtend klarmacht, denn in dieser sei sogar unter Mitwirkung der vorzüglichsten Luzerner Patrizier – zu ihrer Ehre sei es gesagt – die Abschaffung der aristokratischen Regierungsform und die »Einlenkung auf die Bahn der Freiheit und des Rechts« bekundet worden.

Diese Flugschrift blieb wie die erste ohne unmittelbare praktische Wirkung, aber dennoch günstig für die weitere demokratische Entwicklung.

Die nächste Aktion war nun eine Bittschrift an die Regierung, die Troxler mit Freunden von der Landschaft verfasste, welche unverzüglich eine Unterschriftensammlung dafür zu organisieren begann. Die Bittschrift verlangte in massvollen aber eindeutigen Worten das Recht der Selbstbestimmung des Volkes in der Verfassungsfrage und das freie Wahlrecht der Bürger für die Bestellung der Behörden. Dies hätte bedeutet, dass die von der Regierung vergebenen Mandate wieder in die Hände des Volkes zurückzugeben seien, um freie Wahlen zu ermöglichen.

Als die Regierung Rüttimann vernahm, es würden Unterschriften für eine Bittschrift gesammelt, wusste sie nichts Besseres als eine Verhaftungswelle in Szene zu setzen und alle, die ihr verdächtig waren, einzusperren. Darunter war auch Troxler, für den der Haftbefehl am 22. Mai 1814 ausgegeben wurde. Bei seiner Verhaftung gab es einen Volksauflauf, und ein stämmiger Wirt von Neukirch wollte ihn mit Gewalt befreien. Troxler sprach ihm selbst beruhigend zu. Am 28. Mai fand in Anwesenheit von Troxlers Bruder sogar eine Hausdurchsuchung und Versiegelung seiner Schriften und Korrespondenzen statt. Wochenlang musste er unter entwürdigender Behandlung im Bezirksgefängnis Sursee auf das Verhör warten, ohne dass man ihm von der Gerichtsbehörde den Grund seiner Verhaftung bekannt gab. Er schrieb deshalb an die Kriminalkommission:

»Die Folter ist in allen zivilisierten Staaten abgeschafft, aber was ist diese Verhaftung ihrer Natur und Absicht nach anderes als eine langwierige Folter? Kann ein blosser Verdacht dazu berechtigen, einen Menschen von allem Umgang mit Menschen, ausser aller Berufstätigkeit, ausser Beziehung mit seiner Familie zu setzen?«

Ihrer 20 wurden so 3 bis 7 Wochen in Haft gehalten. Troxler liess sich in mehreren Verhören in keiner Weise zu einem Geständnis herbei. Er betrachtete es unter diesen Umständen als Aufgabe der Untersuchungsorgane, ihm klipp und klar eine Schuld nachzuweisen, nicht aber als die seinige, ihnen bei der Untersuchung noch Handlangerdienste zu leisten, denn er war sich keines Vergehens bewusst. Er bestritt die Autorschaft an der eingeklagten Petitionsschrift. Am 7. Juni, nach vollen 5 Wochen, wurde er endlich gegen Bezahlung einer Kaution freigelassen. Es ist behauptet worden, dass die Fürsprache einer hohen Person in Wien, die Troxler als Gelehrten zu schätzen wusste, zu seiner Loslassung wesentlich beigetragen habe. Der Prozess dauerte noch monatelang, und ein Berg von Akten und Verhörprotokollen von fast 1000 Seiten türmte sich auf. So verschwenden Machthaber Zeit, Arbeitskraft, öffentliche Gelder und das moralische Vertrauenskapital aus Angst vor der Stimme des Volkes. Nicht umsonst brauchen sie das Staatsgeheimnis für ihren Haushalt und ihre Verhandlungen sowie Lebenslänglichkeit ihrer Staatsstellen.

Am 20. August 1814 wurde Troxler schliesslich aus Mangel an Beweisen freigesprochen. Sechs andere wurden schuldig befunden und bestraft mit einem Jahr Eingrenzung in die Gemeinde, statt 4-10 Jahren Kettenstrafe, wie das Strafgesetz für Verschwörungen vorsah, da immerhin die öffentliche Ruhe nicht gestört worden sei. Genau gesehen hatte die Bittschrift mit einer Verschwörung überhaupt nichts zu tun. Troxler erhielt sein Urteil merkwürdigerweise erst am 1. Oktober und ohne rechtliche Begründung der Verhaftung und der ihm auferlegten Kosten. Nun verlangte Troxler kategorisch, dass das Urteil rechtlich begründet werde. Er bestritt auch die Rechtlichkeit mehrerer Punkte des Prozesses und verlangte Revision des Urteils. Bevor er aber zur Revisionsverhandlung am 22. Oktober 1814 erschien, war er mit Frau und zwei Kindern in aller Stille nach Wien an den Kongress der Mächte abgereist. Gesinnungsfreunde vom Lande hatten ihn zu diesem Schritt aufgefordert und ihm sogar das Geld für diese kostspielige Reise gegeben.

Das war ein Unikum: Ein Privatmann geht an den Kongress der europäischen Mächte, die nach der Aera Napoleon Europa neu ordnen wollen.

Sein Freund Varnhagen, der zur preussischen Kongressdelegation gehörte, vermittelte dem Einzelgänger Troxler ein Zusammentreffen mit Wilhelm Humboldt und Capo d'Istria von Russland. Durch die schlimmen Erfahrungen in Luzern keineswegs entmutigt, richtete er zwei Denkschriften an die für die Schweizer Angelegenheiten eingesetzte Kommission, deren Mitglied die beiden Herren waren.

In der Luzerner Schrift begründete er die eingereichte Petition, beschwerte sich gegen den Staatsstreich Rüttimanns und beanstandete die »neue« Verfassung wegen der Lebenslänglichkeit der Ratsstellen, dem Fehlen der Gewaltentrennung, dem aristokratischen Wahlsystem, dem Recht der Regierung über Leben und Tod Recht zu sprechen und der Abhängigkeit der Wahlfähigkeit von der Steuerkraft des Bürgers. Er stellte fest, »das sehnlichste Verlangen der wohldenkendsten und rechtschaffensten Bürger gehe dahin, die Regierung, das Machwerk einer selbstsüchtigen Partei, solle provisorisch erklärt werden und das allgemeine Wahlrecht des Volkes wiederhergestellt und die Wahl von Männern gewährleistet werden, die das öffentliche Vertrauen geniessen«. Seine Hoffnung war, der Schweizer Ausschuss des Wienerkongresses möge diese Anliegen zum bindenden Beschluss erheben.

Die Schweizer Denkschrift Troxlers stellte den Antrag, die Mächte sollen nur eine Schweiz anerkennen, die in allen Kantonen demokratische Verfassungen habe und die Rückkehr in vorrevolutionäre Regierungsformen verunmögliche und die fremden Kriegsdienste abschaffe, da diese die Quelle mannigfacher Korruption bilden. Diese Forderungen, die vor allem gegen die Kantone Freiburg, Bern, Solothurn und Luzern gerichtet waren, begründete er mit dem Gedanken, dass zwei so ungleiche politische Systeme, wie das aristokratische und demokratische, unmöglich in Frieden nebeneinander bestehen können und deshalb vom Kongress verhindert werden müssen. Er mahnte den Kongress, die Rechte der Völker, für die sie in die Befreiungskriege gegen Napoleon gezogen waren, zu achten und eine auf ewige Gerechtigkeit gegründete Neuordnung zu vermitteln, denn das Recht sei ein lebendiges Wesen und entwickle sich immer weiter. Die friedliche Zukunft der Völker liege darin, ihnen das Recht zur Fortentwicklung ihrer Rechtsverhältnisse voll und ganz zu übergeben. So sprach er sich offen für das Recht der Völker und des Einzelnen aus, denn das Rad der Zeit könne nicht rückwärts gedreht werden.

Aber Troxler sprach zu tauben Ohren. Nicht Vernunft und vorausschauende Weisheit, nicht Rechte und Freiheiten der Völker, nicht mutige Bejahung der geschichtlichen Entwicklung im Sinne der Menschenrechte waren die Leitideen der Mächte am Wienerkongress. Das Gegenteil von alle dem: Rückführung der Verhältnisse in die Vor-Revolutionsära, Wiederaufrichtung der Adels- und Fürstenherrschaft, Unmündigerklärung der Menschheit und Unterdrückung aller Freiheitsregungen, und für die Schweiz ein handlungsunfähiger Staatenbund der 22 Kantone unter der Aufsicht der Mächte. Mit den schweizerischen Delegierten am Kongress vermied Troxler den Kontakt, denn sie boten ein klägliches Bild innerer Zerrissenheit, da jeder nur an seinen Kanton dachte. Troxler allein vertrat die Gesamtidee der Schweiz. Als er sah, dass seine Mission in Wien zum Scheitern verurteilt war, reiste er Ende Februar 1815 plötzlich ab, zum grossen Bedauern Varnhagens. Das einzige positive Ergebnis dieser Wienreise bestand darin, dass die Freundschaftsbande mit Varnhagen sich fester und tiefer knüpften und dann in einem ausserordentlich fruchtbaren Briefwechsel durchs ganze Leben weiter gingen. Ausserdem schöpfte Troxler in Wien tiefe Einsichten und Erfahrungen über die europäische Problematik, die ihn von da an als grosse Sorge dauernd beschäftigen sollte.

Die Reise Troxlers mit seiner Familie führte von Wien nach Potsdam, wo seine Frau ihre nächste Niederkunft erwartete. Im Juli gebar sie einen Knaben, der den Namen Julius bekam. Er erlag leider nach wenigen Wochen dem Keuchhusten, und so kam zum Misserfolg von Wien noch dieser schwere Schlag hinzu.

Eine dritte Sorge bedrückte ihn schwer. Er stand in der Lebens-
mitte und hatte keine sichere äussere Existenz. Wie sollte sein
Leben und Wirken sich weiter gestalten? Nach Beromünster zurückzukehren war ihm verwehrt, denn er hatte ja in Wien für die
Beseitigung der aristokratischen Luzerner Regierung agiert.
Noch länger auf Kosten anderer zu leben, verbot ihm sein Ehrgefühl. Wiederum war es seine tiefe Liebe zur Mutter und zum
Vaterland, die seinen nächsten Schritt bestimmten und ihn zur
Rückkehr drängten, obschon er in vier Kantonen öffentlich
proskribiert war, denen er am Wienerkongress zu einer demo-
kratischen Verfassung hatte verhelfen wollen.

Troxler kehrt in die Schweiz zurück und findet ein Asyl in Aarau

»Zum Glück gibt es im hochgepriesenen Lande der Freiheit noch einige Freistätten. Ich werde mich erst im Kanton Aargau niederlassen, und wenn dann auch gar nichts zu hoffen ist, in stillerem und engerem Kreise die Bildung der Menschen zu fördern suchen, was ja doch bei all meinem politischen Streben mein letzter Zweck war. Es müssen am Ende doch *die Waffen des Lichtes siegen.*« Mit diesen tiefen Worten begegnete Troxler Pestalozzi, der auch einmal ausrief: »Menschenbildung ist alle meine Politik«. Im gleichen Jahr 1815 erschien dessen Schrift »An die Unschuld, den Ernst und den Edelmut meines Zeitalters und meines Vaterlandes«, in der dieser Satz steht und wo gegen Schluss zu lesen ist: »Vaterland, liebes kleines gesegnetes Vaterland. Was bis du ohne den Individualwert deiner Bürger?«

Mit dem »Sieg der Waffen des Lichts« meint Troxler die Erkenntnis der Wahrheit und die Notwendigkeit der Freiheitsrechte der Völker und der Menschen. Diese Erkenntnis muss in jedem Menschen als Licht aufgehen, sonst geht es nicht vorwärts in der Welt. Diese Sorge war es, mit der Troxler heimkehrte, nicht allein diejenige seiner Existenz. Darum schrieb er noch von Potsdam aus an Varnhagen:

»Übrigens muss ich Ihnen gestehen, dass ich glaube, wir seien noch nicht im Zeitpunkt der Lösung des Problems unseres Zeitalters. Ich kann mir unmöglich denken, dass sowas Grosses mit irgend einer förmlichen diplomatischen Convention schliessen könne; auch sehe ich in allem, was gemacht wird, das Bedürfnis der Völker nicht gestillt. Was sie wollen, ist mehr oder vielmehr ganz was anderes, als Extinktion einer Revolution und Restauration alter Formen und Friede.«

Es war ein Wagnis, in die Schweiz zurückzukehren, denn wie man ihm nach Potsdam signalisierte, werde er durch die geheime Polizei wegen seinem Wirken in Wien neue Verfolgungen zu gewärtigen haben. Aber ohne Schwierigkeiten konnte er sich im Herbst 1815 in Aarau niederlassen.

Der Aargau war für ihn das rettende Asyl. Kaum war er angelangt, beschäftigte er sich mit neuen Plänen, um die politische Reaktion von Adel und Geistlichkeit zu bekämpfen, denn er betrachtete die Lage der Schweiz als verzweifelt und unhaltbar wegen ihrer Abhängigkeit von den Mächten des Wienervertrags. Mit der Ungeduld des vorwärtsdrängenden Kämpfertemperaments sagte er: »Wenn nicht heute, wird es doch morgen anders werden müssen, man tue und sage, was man wolle.« Das Heute und das Morgen musste Troxler dann allerdings zu Jahren und Jahrzehnten verlängern.

Troxlers Familienleben bot nach der Rückkehr von Potsdam das Bild vollkommenster Harmonie der Gesinnung der Ehegatten. Da war die sturmgerüstete Festigkeit seiner deutschen Frau, ihr einfaches Wirken und Walten im Hause und zugleich die grossartige Hauptrichtung Troxlers im geistvollen Blick auf die Gegenwart, die er bald mit kräftigem, bald mit feinem Spott glossierte und durch seine geistige Arbeit einem Bessern entgegenzuführen trachtete. Bei seiner Frau fand er volles Verständnis für seine Lage. Sein Trachten ging jetzt auf die Herausgabe einer kulturellen Zeitschrift. Ihr Konzept ist im Briefwechsel mit Varnhagen enthalten, den er unbedingt als Mitarbeiter vorgesehen hatte: Ein Blatt, welches Religion, Philosophie, Ästhetik, Geschichte und Politik umfassen sollte, unter Behandlung der wesentlichen Aufgaben des Zeitalters, die Entwicklung der innern Grundlagen des menschlichen Daseins, ein geistiges Bindemittel zwischen Deutschland und der Schweiz. Ihr soll nichts fremd bleiben, was immer in dem Gang der Entwicklungsgeschichte des Menschen Wert haben kann: eine Darstellung der Kulturgeschichte. Wichtige Entdeckungen, bedeutende Meinungen, grosse schöne Taten, Kunst und Wissenschaft, die kirchlichen Angelegenheiten und das Erziehungswesen sollten darin eine Stätte finden.

Ohne es ausdrücklich zu sagen, war dieses weitgespannte Programm – Arbeit in Fülle für die nächsten Jahrzehnte – eine Art Gegenaktion gegen die Politik der Mächte der Heiligen Allianz (Österreich, Russland, Preussen, Frankreich), die keine Entwicklung sondern Stabilität aller Verhältnisse, keine Freiheit, sondern Polizeiaufsicht der Völker, keine Pressefreiheit, sondern Pressezwang mittels Zensur, keine Bildung der Menschen, sondern Herrschaft des Adels und der Fürsten über das unmündige Volk wollten.

»Bei der gegenwärtigen Lage der Dinge« schien Troxler ein solches Unternehmen wie seine Zeitschrift höchst wünschenswert und die Schweiz »bei Ihren Erinnerungen und Anlagen des Volkes nicht der unschicklichste Ort«, betrachtete aber die Mitarbeit von verwandten Geistern in Deutschland als unentbehrlich, um den »siegenden Freiheitsanbruch in fast allen Ländern Europas zu verkünden«. So drückte sich Varnhagen aus.

Troxler war denn auch durch die Zusage zur Mitarbeit an der Zeitschrift von seiten seines deutschen Freundes beglückt und sagte ihm, er werde die Zeitschrift in höchster Höhe, die er erreichen könne, rücksichtslos und unerschrocken führen. An reinen Ideen sei noch niemand gestorben.

Troxler durfte das Unternehmen wagen, denn in Aarau hatte er drei tüchtige Freunde gewonnen: den Kantonsbibliothekar Josef Anton v. Balthasar, den freisinnigen katholischen Pfarrer Alois Vock und Heinrich Zschokke, den vielseitig tätigen Schriftsteller, Philanthropen und Redaktor des »Schweizerboten«. Im Zusammenwirken dieser Freunde lag eine Ermutigung in der »himmelschreienden und herzzerreissenden Lage der Schweiz« unter dem Regime der Aristokraten und dem Einflusse der Heiligen Allianz. Insbesondere war die Freundschaft mit Zschokke in kurzer Zeit zu einem prächtigen Feuer entflammt, die durch ihre beiden Frauen und die Kinder noch zusätzlich belebt wurde. Zschokke war von der geistigen Kraft und Tiefe Troxlers ganz fasziniert und sah viele neue Wirkensmöglichkeiten voraus.

Als Troxler das erste Heft des »Museum« an Varnhagen schicken konnte, schrieb er ihm dazu: »Es tut höchlich not, dass wieder ein Zeichen vom Himmel falle, unsere Ultraaristokraten werden sonst immer sicherer und kecker. *Licht* ist nun unsere einzige Waffe, aber auch diese dürfen wir, wie Sie wissen, nicht brauchen. Wir haben keine Publizität mehr für unsere eigenen Angelegenheiten. Die Sklaverei erstreckt sich auf Seelen und Geister. (Die Zensur verbot alle Nachrichten über öffentliche Angelegenheiten und alle Kritik an einheimischen und ausländischen Regierungen. Auch über Religion und Kirche durfte nichts Kritisches erscheinen.)

»Stünde ich allein und bänden mich nicht heilige Pflichten an Weib und Kinder, in offener Fehde würde ich mich dem Ungeheuer entgegenwerfen und mit ihm einen Kampf auf Leben und Tod eingehen.« Bei solchen Äusserungen Troxlers muss man sich immer vor Augen halten, dass er das Regime von Luzern und der andern aristokratischen Kantone als ein solches von Usurpatoren halten musste, und dass er ihre Tage für gezählt hielt.

Troxler vergewisserte sich, dass er in Aarau eigentlich nicht sicherer sei als im Kanton Luzern, wo ihn das Volk und seine Freunde liebten und achteten. So war er entschlossen, im Frühling 1816 nach Münster zurückzukehren zu seiner guten alten Mutter und den dort zurückgelassenen Kindern. Nur die zwei ältesten waren auf die Reise nach Wien mitgekommen.

An Varnhagen schrieb er damals: »Alle Ihre Zeilen machen mich glücklich. Ich hänge äusserlich nur durch Sie an der grossen Sache der Menschheit. Meine Seele gärt beim Anblick der Entartung und Erniedrigung meines Vaterlandes. Ich halte die Publizität noch für das einzige Gegengift der im Dunklen schamlos wuchernden Despotie.« Selbst der vorsichtige Zschokke liess sich begeistern für den aktiven Kampf und schrieb ihm: »Fahre fort, Du rüstiger Streiter Gottes, für die heilige Sache zu kämpfen.« Nicht ohne Zschokkes Mitwirkung kam es in jenem Jahre 1816 dazu, dass im Aargau die Zensur abgeschafft wurde.

Im 5. und 6. Heft des Museum erschien Troxlers Aufsatz über »Die Grundbegriffe des Repräsentativsystems«. Darüber war Zschokke so entzückt, dass er ihm am liebsten um den Hals gefallen wäre. Er sagte zu Vock, wenn er Fürst wäre, so würde er Troxler zu seinem geheimen Kabinettsphilosophen machen, der bloss für ihn schreiben müsste. Troxler seinerseits war so glücklich über diese Freundschaft, dass er sich erfolgreich um Zschokkes Bürgerrecht von Beromünster bemühte. Der Freund sollte sein Mitbürger werden. Dieser Akt musste aber noch vom Grossen und Kleinen Rat genehmigt werden. Da Zschokke nicht katholischer Konfession war und sicher auch aus politischen Gründen, wurde diese Genehmigung verweigert. Für Troxler war das ein neuer Beweis für die unhaltbare Politik. Zschokke fing an, sich Sorgen zu machen, Troxlers ausserordentliche Fähigkeiten und die Freiheit für sein Wirken könnten durch die vielen Gegner im Regierungslager ernsthaft behindert werden. Er liess ihm in seinen Briefen unter verschiedenen Malen deutliche Mahnungen zukommen. So etwa am 4. März 1817: »Mach mit deinen Gegnern in Luzern Waffenstillstand, ich bitte Dich darum, Waffenstillstand für ein paar Jahre. Du allein vermagst nichts und schadest sowohl Dir wie der guten Sache. Du wirst durch Freundlichkeit für das Bessere mehr gewinnen mit der Zeit als durch Offensive, in der Du geblieben bist. Was steht, steht, Du brichst es nicht. Andere Zeiten, andere Mittel, aber allezeit einerlei Ziel.«

Es ist unschwer herauszuhören, an welche Seite von Troxlers Persönlichkeit er sich da wendet. Zschokke war eben von ganz anderer Natur und konnte sich den Unzulänglichkeiten der Menschen und Verhältnisse leicht anpassen und mit ihnen Frieden schliessen und hatte damit erstaunliche Erfolge. Als Troxler sich in einem Zuger Blatt an einer Pressepolemik gegen die Aristokraten beteiligte, kam Zschokke wieder mit einer Mahnung: »Was in aller Welt mischest Du Dich in die Zuger Ornitologie (man hatte sich mit Vogelnamen tituliert). Bleib bei der Hauptsache! Ich bitte Dich, zieh Dich von der unsauberen Balgerei zurück und werde Zuschauer. Lass uns im Stillen Licht verbreiten, damit helfen wir am sichersten.« Mit den Worten »freundlich-friedlich wandern, unverrückt das Ziel im Auge, aber ohne Gewalt- und Sturmgeschrei« charakterisierte Zschokke zugleich sich selbst. Alles Sprunghaft-Gewaltsame war ihm zutiefst zuwider. »Steter Tropfen höhlt den Stein« lag ihm viel näher als das radikale »Jetzt oder nie« Troxlers, dem

Zschokke einmal sagte: »Bändige Deinen Ingrimm, liebe Seele.«

Es standen sich in den beiden Männern zwei grundverschiedene Temperamente gegenüber, die durch gute Ratschläge nicht auszugleichen waren. Das musste Zschokke einsehen. Trotzdem schätzte er Troxler, und versuchte mit allen Mitteln, ihn zu unterstützen in seinen wissenschaftlichen und schriftstellerischen Plänen und Unternehmen. Er hoffte damit auch, Troxlers unruhigen und aufrührerischen Geist in ruhigere Bahnen zu lenken. Es gelang ihm dies aber nur teilweise. Troxlers Gemüt war nicht auf Frieden, sondern auf Kampf gestimmt, das bewies sein ganzes künftiges Leben.

Anders als Zschokke versuchte Varnhagen den Freund über seine unbefriedigende Lage zu trösten. Er bedauerte ihn aufrichtig und suchte ihm den Reiz eines philosophischen Lehramtes an einer deutschen Universität (Berlin) zu schildern. Auch später hat Varnhagen noch mehrmals von dieser Alternative gesprochen und es immer von neuem bedauert, dass Troxler nicht in Deutschland an einer Universität wirken konnte. Er sah an Troxler vor allem das wissenschaftliche Format.

Er wusste zwar, dass die Gründe Troxlers, »sich an den engsten Kreis des Vaterlandes zu fesseln, von so innerlicher Art waren (Die Rücksicht auf die Mutter), dass kein äusserer Beweggrund sie erreichen kann«. Und Varnhagen anerkannte diese Gründe, wozu auch Troxlers Verantwortungsgefühl für die Gestaltung und Weiterentwicklung der öffentlichen sozialen und politischen Verhältnisse im Sinne einer konsequenten Überführung der Freiheitsidee in die soziale Wirklichkeit gehörte. Hier war er mit ganzer Seele dabei, während Varnhagen, zwar jederzeit interessiert und anteilnehmend, im Grunde etwas erstaunt und kopfschüttelnd zuschaute. Auch Troxlers medizinischer Lehrer Himly konnte das nicht begreifen und sprach einmal den komischen Satz über Troxler: »Es ist ein reeller Verlust für die Wissenschaft, was dieser Mann in die Politik verpufft«. Er hätte richtiger sagen sollen: Es ist ein wahrer Gewinn für die soziale Entwicklung in Europa, was dieser Mann in die Politik investiert.

Es gehört zu Troxlers schweizerischem Lebensstil, dass er ernst machte mit dem, was er als Philosoph und Anthropologe erkannt hatte als das Wesen des Menschen und der menschlichen Sozietät und daraus die Konsequenzen zog für das praktische Leben und bedingungslos bereit war, dafür unter Umständen Gut und Blut, Ehre und Ansehen zu opfern. Ein Schweizer von *Geburt* und *Gesinnung,* wie sich Troxler einmal genannt hat, begnügt sich nicht damit, Wissenschaft zu treiben. Sie muss Lebenspraxis werden, sonst ist sie für ihn eine nutzlose Beschäftigung. »Ein warmes patriotisches Herz und ein langes ernstes Studium der Geschichte und des Staatsrechtes seines Vaterlandes« hat Troxler die Gedanken eingegeben, mit denen er in der konkreten Lebenssituation mit Wort und Tat unmittelbar eingriff, wenn er glaubte, die öffentlich-rechtlichen Verhältnisse des Kantons Luzern und der ganzen Schweiz im Sinne der Demokratie einen Schritt weiterführen zu können. Er fühlte hier seine innere Berufung, und diese liess er sich von nichts und niemand rauben. Das war seine ur-eidgenössische Gesinnung, auf der alle Fortschritte und heilsamen Taten in der Schweiz beruhen. Seinen Aufsatz über die Grundbegriffe der Repräsentation im »Schweizerischen Museum« kommentierte er wie folgt: »Mir muss es erlaubt sein, auszusprechen, was ich für die Idee von Volksvertretung halte und was diese für ein Recht auf Realisierung hat«.

»Schweizerisches Museum«

Das *»Schweizerische Museum«* erschien insgesamt in 6 Heften während eines Jahres und bildete einen stattlichen Band von 960 Seiten. Die Namengebung bedeutete so ziemlich das Gegenteil dessen, was wir heute damit verbinden, nämlich eine Sammlung von Dingen, die nicht mehr im pulsierenden Leben stehen. Troxler verstand darunter (im Sinne der 7 Musen der alten Griechen) das lebendige Pulsieren geistiger Kräfte zwischen der Schweiz und Deutschland zur Behandlung der aktuellen Probleme.

Neben einer gewichtigen Einleitung verfasste Troxler drei grosse Aufsätze:

1. Die Idee des Staates und das Wesen der Volksvertretung.
2. Über die Freiheit der Presse im Allgemeinen und in besonderer Beziehung auf die Schweiz.
3. Über die Grundbegriffe des Repräsentativ-Systems.

Alle drei Arbeiten führen das Thema auf hohem Niveau konsequent durch, sodass das Bild des freiheitlichen, demokratischen Rechtsstaates entsteht, wie er aus dem geistigen Wesen des Menschen folgerichtig hervorgeht. Als Beispiel gehen wir etwas näher auf den Aufsatz über die Pressefreiheit ein.

Troxler stellt ihr ein Motto des englischen Philosophen Milton voran: »Die Freiheit, zu erkennen und unsere Erkenntnis nach unserem Gewissen frei äussern zu dürfen, ist der Freiheiten höchste Freiheit«. Troxler meint, es wäre wünschbar, dass auch die äussere Geschichte der Pressefreiheit dargestellt würde, um zu zeigen, wo die Völker heute in dieser Sache stehen. Er will aber das *Wesen der Pressefreiheit* behandeln, eine Frage, die für die ganze Menschheit von grosser Wichtigkeit sei. Sie berührt die Freiheitsfrage überhaupt in ihren innern Grundlagen. Die heilige Sache der Menschheit steht und fällt mit der Sache der Freiheit.

Troxler erinnert an die Erfindung der Buchdruckerkunst, welche den Grund und Boden einer ganz neuen Epoche der geistigen Entwicklung des Menschengeschlechts geschaffen habe. Er betrachtet das Auftreten bestimmter Erfindungen und Entdeckungen als Wirkung führender geistiger Mächte, die in die Menschheitsgeschichte aus einem überschauenden Bewusstsein heraus eingreifen, sodass Gutenberg und sein Mitarbeiter Faust als auserwählte Organe solcher Mächte betrachtet werden können, die zu bestimmter, nicht zufälliger Zeit diese umwälzende Erfindung machen konnten, welche der geistigen Natur des Menschen zu dienen bestimmt war. Das Ausmass der Wirkung einer Erfindung ist umso grösser, je mehr sie zur geistigen Entwicklung der Menschheit beiträgt. Deshalb zählt Troxler die Buchdruckerkunst zu den bedeutungsvollsten Errungenschaften der ganzen Menschheitsgeschichte. Er entwirft eine grosse Entwicklungslinie der Geistesgeschichte seit den Urzeiten der Menschheit, die in 5 wesentlichen Stufen zur Buchdruckerkunst geführt haben:

1. Zuerst wurde von den Schöpfermächten dem menschlichen Wesen der Funke des Geistes in den Schoss der irdischen Natur einverleibt.
2. Dieser Geistesfunke strebte nach Offenbarung, indem er sich die leibliche Natur des Menschen dienstbar machte durch Entwicklung entsprechender Organe (Gehirn, Gehör, Sprachorgane).
3. Jetzt wurde die menschliche Sprache geschaffen, durch die der Geistgehalt der Welt und des Menschen zu klingender, sinnlicher Offenbarung kommen konnte.
4. Eine neue Stufe wurde errungen, indem die Sprache zur Schrift erhoben wurde und dadurch Geistesschätze in bleibender Gestalt für künftige Zeiten und entfernte Orte geschaffen wurden.
5. Die letzte Stufe beinhaltet die Erfindung der Druckschrift, welche in zauberischer Schnelligkeit in tausend Ebenbildern die Schriftwerke vervielfachen kann, womit der Menschen-

geist ein Mittel fand, ohne Hemmung für viele Abwesende und Nachfahren seine Erzeugnisse zu überliefern.

Die Druckerei ist die materielle Basis der geistigen Geselligkeit der Menschheit, die erst jetzt ihr volles Leben entfalten kann. Die Presse wird zur Zunge der Weltsprache, die einen Kreislauf geistiger Erzeugnisse einleitet und ein unermessliches Leben anfacht, und der Seelenkraft der Menschheit gegenseitige Belehrung, Beeinflussung, Erregung und Ernährung ins Unendliche bietet. Die Presse ist daher gleichsam das öffentliche Sprachorgan des menschlichen Geistes, das er aus sich selbst aus seinem Wesen hervorgetrieben hat. Er hat damit sein Wachstum nach aussen vollendet und seine Mündigkeit beurkundet. Da aber der Menschengeist von den göttlichen Schöpfermächten dem Menschen verliehen wurde, so ist er an sich unbedingt frei. Seine Freiheit ist schon längst kund geworden durch seine Offenbarung und der ungehinderten Bedienung seiner Werkzeuge von seinem Innersten bis zum Äussersten; Denken, Sprechen, Schreiben, Drucken sind Offenbarungen einer und derselben freien Geistestätigkeit des Menschen. Das Leben des Geistes ist seiner innersten Natur nach nur in Freiheit denkbar und nur in Freiheit faktisch möglich. Troxler ruft aus: »Entweder müsset ihr den Geist töten oder ihn frei lassen, Zwischenzustände gibt es nicht.«

Geistesfreiheit ist die Grundverfassung des Menschen. Die gesamte Menschheit ist verbunden in diesem Geist, den alle Menschen in sich tragen als ein Streben nach unendlicher Vervollkommnung. Er ist das Höchste, Grösste, Heiligste, das die Menschheit hat. Die unbedingte Geistesfreiheit ist das Urrecht im Fortschreiten der ungehemmten Entwicklung des Menschengeschlechtes. Und das erste und höchste Organ der Menschheit ist ihr Sprachorgan: die Presse.

Zu sprechen von Pressefreiheit ist eigentlich schon entehrend. Diese Freiheit ist ja ein Urrecht der Menschheit und deshalb selbstverständlich. Sie muss nicht erst gewährt werden. Noch viel weniger kann sie beschränkt oder genommen werden. Man spricht ja auch nicht von einer Dampffreiheit oder einer Spinnfreiheit.

In der Zeit, als Troxler dies schrieb, war gerade die Dampfmaschine und die Spinnmaschine aufgekommen. Darum braucht er diesen Vergleich.

In weiteren Kapiteln behandelt und beschreib Troxler in grossangelegter Gedankenführung die ganze Absurdität jeder Art von Zensur und Pressezwang.

Was gegen die Pressefreiheit vorgebracht wird, könnte ebensogut gegen das Leben, das Licht, die Wissenschaft, die Kunst, die sittliche Freitätigkeit vorgebracht werden, alles Dinge, die Gott selbst in das Menschenleben gelegt hat. Troxler wird lapidar einfach, wenn er etwa an dieser Stelle sagt, man könnte ja dem Leben vorwerfen, es setze den Menschen der Gefahr aus, sterben zu müssen.

Er fährt hier weiter: »Das Böse, das Freiheit und Wahrheit in der Welt angerichtet haben sollen, wird man uns nicht so leicht glauben machen. Und was den Irrtum betrifft, so trägt nicht die Wissenschaft die Schuld daran, wenn sie sich der Pressefreiheit bedient, denn die Wissenschaft ist es ja, die die Irrtümer entdecken und berichtigen kann.«

Im Hinblick auf den möglichen Missbrauch der Freiheit verkündet Troxler die mutige Idee: »Wer die Freiheit will, muss auch den Missbrauch der Freiheit wollen, d.h. er muss damit rechnen und sich darauf gefasst machen. Das eventuelle Übel, das aus dem Missbrauch entstehen kann, wird anders nicht als wieder durch Freiheit gut gemacht werden. Jede Veränderung, jeder Fortschritt, jede Revolution muss zuerst im Geiste vor sich gehen, muss da empfangen und gebildet werden, ehe sie sich verwirklicht, muss daher auch in Freiheit sich äussern können in Schrift und Presse.

Wiederum ruft er gedankenkräftig in die Zeit hinein:

»Hätten die Regierungen in den Schriften, denen man die Revolution zur Last legt, das Gären und Brausen der drohenden Tatkraft des Volkes wahrgenommen, wieviel Opfer und Schmerzen, wieviel Blut und Elend hätten sie der Menschheit ersparen können. Wie blödsinnig und lächerlich ist doch die Behauptung, Geistesbildung und Geistesfreiheit seien die Hauptursachen der Staatsumwälzungen. Was können das für Staaten sein, gegen die der freie und gebildete Geist als Rebell auftreten muss.

Die Staaten, die auf dem Ruin von Freiheit und Geistesbildung, d.h. beispielsweise auf Zensur und Pressezwang, sich gründen, sind in Wahrheit die grössten Empörer gegen die Menschheit.«

In einem weiteren Kapitel wendet sich Troxler gegen den totalen Staat, der dem Irrtum verfällt, alles und jedes in seine Kompetenz nehmen zu wollen, was das Menschenleben umfasst. Er weist den Staat in seine Schranken: Keine menschliche irdische Macht hat zu bestimmen über wahr und falsch, oder über das, was sittlich gut oder böse sei. Die Staaten haben keine Richterstühle über Wahrheit und Freiheit zu errichten. Sie sind dem Geist des Menschen und damit dessen Freiheit verpflichtet und sind für den Menschen da, nicht umgekehrt. Unbeschränkte Öffentlichkeit der freien Geistestätigkeit ist die beste Lebensform der Staaten. Was hat ein Staat zu fürchten, dessen innigstes Leben die freie Geistestätigkeit seiner Bürger ist? Die gesetzliche Macht des Staates muss dort ein Ende finden, wo die Geistestätigkeit des Menschen beginnt, in allen seinen Zweigen, also auch in der Presse.

Im 5. Kapitel rückt er dem Geisteszwang zu Leibe, der sich in der Zensur sein Instrument schaffen zu müssen glaubt. In vier Punkten zeigt er die Unmöglichkeit derselben:

1. Der menschliche Geist wird durch die Zensur von Staats wegen als seiner nicht mächtig und nicht eigenen Rechtes angenommen. Er wird als unmündig und unselbständig, gleichsam als Taugenichts, als eingefleischte Liederlichkeit behandelt. Man erlaubt ihm nicht einmal den freien Gebrauch seiner ihm angeborenen Kräfte. Man wartet nicht einmal, bis er tatsächlich etwas Ungereimtes oder Frevelhaftes gemacht hat, um ihn dann zur Verantwortung und Strafe zu ziehen. Nein, als ob er vorzugsweise nichts als Ungereimtes und Frevelhaftes machen könne, wird er von vornherein unter Spezialaufsicht gestellt. Bevor er sich an Seinesgleichen wenden kann, soll er seine Gedanken erst seinem Vogt vortragen und wenn der gebietet, soll er alle seine Gedanken wieder in seine Seele zurückdenken und kein Mensch soll etwas davon zu sehen bekommen. Und eine solche »menschenfreundliche« Anstalt besteht in zivilisierten Staaten Europas noch im 19. Jahrhundert und heisst Zensur.

2. Troxler zitiert Benjamin Constant, seinen Zeitgenossen aus dem Waadtland und Mitkämpfer für die Freiheitsidee: Wenn einer mittels der Rede für Raub und Mord predigt, so würde man ihn deswegen bestrafen, aber niemand würde es einfallen, allen Bürgern das Reden zu verbieten. Oder wenn einer ausgeht und in das Haus des Nachbarn einbricht, so würde es keinem Vernünftigen einfallen, ein Gesetz zu machen, das keinem das Ausgehen ohne Erlaubnis gestattet. Das aber tut die Zensur.

3. Es widerspricht den heiligsten Grundsätzen des Rechts, wenn die Staatsgewalt die ihr zustehende Sphäre überschreitet. Über alles, was im *Reiche des Übersinnlichen* vorgeht, hat der Mensch keine Rechenschaft abzulegen. Deshalb kann kein Staat den Menschen das Recht, durch die Presse zu seinem Geschlecht zu sprechen, entziehen oder beschränken. In der Ausübung dieser der Menschheit natürlichen Funktion liegt nicht, worüber sich der Mensch zu verantworten hätte vor dem Staat oder worüber sich dieser eine Untersuchung anmassen könnte. Der Staat hat kein Recht, sich eine Gerichtsbarkeit herauszunehmen über etwas, was ihm nicht zusteht und was an sich ein Rechtmässiges ist.

4. Noch keinem Staat ist es gelungen, eine bestimmte Instruktion für Zensoren zu formulieren, die anwendbar und vernünftiger wäre. Der Pressezwang ist an und für sich das grössere Übel, als das Böse, das als Folge der Pressefreiheit entstehen kann.

Im 6. Kapitel setzt sich Troxler mit den Gründen auseinander, die zur Verteidigung der Zensur vorgebracht werden. Diese »Geistespolizei«, wie Troxler die Zensur bezeichnet, soll das Übel verhüten, sie soll ihm vorbeugen, bevor es geschehen ist, da es zugegebenermassen die Möglichkeit des Missbrauchs, der Ausschweifung und der Verwerflichkeit im geistigen Wirken gibt. Nun aber setzt die Zensur voraus, dass die Regierung sich Erhabenheit über geistiges Wirken zuschreibt, eine Herrschaft über die Innerlichkeit und Öffentlichkeit des Menschenlebens beansprucht. Weiter setzt sie voraus, dass die Behörden eine überlegene Urteilskraft und Parteilosigkeit haben. Das kann man aber wohl niemals und nirgends im All der im Fortschreiten begriffenen Menschheit voraussetzen. Troxler zeigt hier den grossen Unterschied im Rechtlichen zwischen der *Verhütung des Übels* und der Bestrafung des wirklich *geschehenen Übels* durch eine Schrift. Im ersten Fall masst sich der Staat eine Obermacht im Gebiet der Freiheit an, im zweiten jedoch übt er eine ihm zustehende Macht aus.

Erst nachdem menschliche Handlungen begangen sind, können sie einer Untersuchung und eventuellen Bestrafung unterliegen. Dies ist ein Teil der dem Staate zustehenden Gerichtsbarkeit. Zensur heisst jedoch Untersuchung bevor ein Vergehen vorliegt. Mit der Zensur Böses verhüten wollen, ist selbst ein Böses. Das Böse unmöglich machen wollen, ist ein Eingriff in die göttliche Ordnung, die in der Möglichkeit des Bösen die menschliche Freiheit gegründet hat. Die Unmöglichkeit, Böses zu tun, wäre selbst das grösste Übel. Es hiesse, die menschliche Freiheit total negieren. Die Staatsklugen, die die Zensur rechtfertigen wollen, verfolgen in Wirklichkeit die Freiheit, die aber die Wurzel auch alles Guten ist, nicht nur des Bösen. An dieser Stelle erhebt sich Troxlers Schrift zu einer ethischen und philosophischen Höhe, die einzigartig ist und auch im Schwung seiner Sprache zu spüren ist.

Er schrieb zutreffend an Varnhagen über diese Arbeit: »Ich habe die Presse mit einer Freiheit behandelt, wie soviel ich weiss noch keiner getan. Sie werden es der Arbeit anmerken, dass mich der Gegenstand begeistert, so sehr ich dessen nur fähig war. Ich kenne nichts, was an Wichtigkeit und Dringlichkeit dieser Sprache gleichkäme.«

Und Varnhagen antwortete ihm: »Die Arbeit über die Pressefreiheit gehört zum Zweckmässigsten, was seit langer Zeit für öffentliche Angelegenheiten getan wurde. Dass sie nicht ohne Begeisterung geschrieben, ist wohl zu merken, nicht minder, dass ein hoher Geist sich hier begeistern liess. Die Blitze sind nicht bloss stark, sie sind auch schön«. Diese schönen Gedankenblitze beleuchten im 7. Kapitel den allgemeinen Kampf um das Gute und das Böse, der alles Menschliche durchzieht, nicht nur die Frage der Presse. Nachdem Troxler die Zensur als eine mit Unrecht und Schande verknüpfte Anmassung bezeichnet hat, welche aufgehoben werden müsse, erwähnt er lobend hochherzige deutsche Fürsten, die die Zensur abgeschafft (Württemberg) und Pressefreiheit eingeführt haben, und die dadurch den ersten Schritt getan haben dem grossen Stand der Dinge entgegen, auf dem alle Würde und Wohlfahrt der Völker beruhe. In Zukunft unterscheiden sich die höheren geistigen Freistaaten von den Geistes-Despotien durch diesen Punkt. In einem Staat, der die volle Geistesfreiheit schütze aus einem mutvollen Vertrauen in die Freiheitskräfte bestehe auch die Aussicht, dass das Falsche und Böse immer wieder besiegt werde, denn da könne das Wahre und Gute in voller Kraft hervortreten. Das macht den göttlichen Charakter der Menschheit aus. Wo aber Sittlichkeit, Rechtlichkeit, Ehrgefühl, Liebe, Glaube, Hoffnung, diese Urkräfte im Menschen, nicht vorhanden seien, könne sie auch der Staat nicht schaffen. Ein solcher Staat werde unweigerlich untergehen.

Der zweite Fall behandelt »Die Pressefreiheit in besonderer Beziehung auf die Schweiz«. Hier wird gleich am Anfang klarer Wein eingeschenkt, indem es heisst, »dass auf dem Grunde echt schweizerischer Natur und dem Urgeist unserer Freistaaten *Zensur* und *Pressezwang*, diese Geschöpfe der Finsternis und der Verruchtheit, überhaupt nie sich hätten entwickeln können; sie sind durch ein fremdes Gift von aussen durch Ansteckung ins Land gekommen, sind aber mit unserem eigenen Wesen, mit unserem besseren Wissen und Wollen, mit unserem Lebensziel unverträglich und daher verwerflich. Entweder müssen wir diesem Unfug entsagen, oder aber unsere Eigentümlichkeit, unsere Bestimmung, unser Glück und unsern Ruhm aufgeben.«

Das sagt Troxler inmitten von 22 Kantonen, in denen mit ganz wenig Ausnahmen überall Zensur und Pressezwang in Ansehen und Übung waren. Aber er steht auf dem Boden der Erkenntnisse des ersten Teils seiner Abhandlung, dass nämlich »Pressezwang von Anfang an eine Beleidigung der Menschheit und eine rohe Verletzung ihrer heiligsten Rechte darstelle«, und bezeichnet es als »Unglück und Schande, dass das Ursprüngliche und uns Gebührende uns je entrissen werden konnte und nun erst wieder als Verlorenes zurückgegeben werden muss«. Dass es aber ohne Zweifel zurückzugeben sei, steht für ihn so fest wie der Granit auf dem Gotthard. Denn Freiheit und Öffentlichkeit sind wesentliche Eigenschaften eines Volksstaates. Es sind die geheimen Lebenssäfte seiner innern Existenz und die Krone seiner äussern Form. Sie sind daher das höchste zu schützende und zu leitende Wesen im Staate.

In einem Volksstaat steht die Regierung nicht in Selbstherrlichkeit ausserhalb und oberhalb des Volkes. Sie muss im Volke leben in unmittelbarer Beziehung mit dem Volk. Ausserdem muss sie jederzeit die Meinungen und Strebungen des Volkes unverfälscht erfahren können. Für beides ist das sicherste Mittel die Freiheit der Presse. Die Öffentlichkeit, d.h. die freie Kenntnis und Diskussion aller gemeinsamen Angelegenheiten und zu entwickelnder neuer Ziele ist der Zentralpunkt und die einzige Bürgschaft, dass eine Regierung volksmässig sei. Das aber muss in der Schweiz auf Grund ihrer geschichtlichen Veranlagung der Fall sein.

Gerade das war damals in der Schweiz nicht der Fall. Troxler schildert, wenn er vom freien Volksstaat spricht, Verhältnisse, die noch gar nicht bestehen, die erst erkämpft werden müssen. Er weiss es auch und schafft sich beständig das Rüstzeug für den Kampf.

Es offenbart sich in Troxlers politischen Aufsätzen im »Museum« jene Kraft der Gesinnung, die den Dingen auf den Grund gehen will, bis zu ihrer Wurzel vordingen will, zu ihrer *Radix,* um von da aus das politische Handeln zu bestimmen. Dieses *Wurzelhafte,* dieses *Radikale* ist wenig später in Troxlers Wirken als Lehrer zum Ausdruck gekommen, zum Schrecken aller Rückschrittler, Machtinhaber und Konservativen, aber zur Freude aller seiner Schüler und Gesinnungsgenossen. Um ihn herum wehte die Luft klarer Prinzipien und Ziele, die Luft des entscheidungsfreudigen Entweder-Oder.

Es ist mehrfach bezeugt, dass Troxler es war, der das Wort »radikal«, das in den Dreissigerjahren dann immer mehr verwendet wurde zur Bezeichnung der entschiedenen und klaren politischen Linie des demokratischen Fortschrittes, in den Sprachgebrauch eingeführt habe.

Sein deutscher Freund Georg Kieser schrieb ihm zur Arbeit über die Pressefreiheit: »Deine Abhandlung hat mir wegen ihrer philosophischen Entwicklung des Gegenstandes über die Massen gefallen«.

In der Tat ist sie auch heute noch etwas vom Besten und Grossartigsten, was man über dieses unvermindert aktuelle Thema lesen kann. Denn die unbedingte Geistesfreiheit, von der Troxler als einem Menschheitsziel mit genialem Blick sprach, ist im weltweiten Rahmen noch längst nicht erreicht und erleidet immer neu die bedauerlichsten Rückfälle und der Pressezwang feiert immer neue Orgien.

Es kündigt sich eine Lebenswende an.

Schon 1818 wusste Troxler von Reformabsichten Eduard Pfyffers für das Sanitätswesen und das ganze Schulwesen bis hinauf zum Lyzeum und dem Pristerseminar. Die liberalen Kräfte fingen an, sich zu regen und zu sammeln, und Pfyffer, Mitglied der Regierung, machte sich zu ihrem Fürsprecher. Das Lyzeum war erstarrt in einseitig klerikaljesuitischer Tradition und diente nur als Vorbereitung auf das Studium der Theologie. Doch Troxler war skeptisch, da die Reform des Erziehungswesens mit »ziemlich kleinlichen Persönlichkeiten rechnen muss«.

Im Herbst 1818 erhielt er eine Berufung auf den Lehrstuhl für Philosophie an die Universität Bonn. Das brachte ihn schlagartig wieder in Aufregung über seine Zukunft. Um der Sache willen bekam er Lust, zuzusagen. Doch fiel schliesslich die Entscheidung negativ aus. Er gab die für ihn charakteristische Begründung: »Allein ich kann mein Vaterland und meine alte Mutter nicht verlassen, nicht geniessen, was mir die liebe Germania schon wiederholt geboten. Hätte ich doch in meinem Vaterland eine Lehrstelle unter mir anständigen Verhältnissen. Aber ich will gesucht sein, mich nicht einschleichen oder aufdrängen.«

Anfangs 1819 wurde Troxler in Luzern zum Mitglied des Sanitätsrates gewählt, jener Behörde, die von Troxler 1806 so heftig kritisiert wurde. Eine neue Medizinalordnung für den Kanton wurde in Angriff genommen und durchgeführt. Die vom Sanitätsrat eingesetzte Sanitätskommission hatte bald eine bisher ungewohnte Betriebsamkeit zu verzeichnen und zollte Troxler ihre Anerkennung: »Mit Erbauung und Vergnügen haben wir aus Ihrer verehrten Zuschrift entnommen, mit welch rastlosem Eifer Sie sich fortan die Betätigung alles dessen angelegen sein lassen, was zum öffentlichen Gesundheitswohl des Kantons gereichen kann. Der von Ihnen angeregte Gegenstand der Pockenimpfung ist gewiss eines der dringlichsten Bedürfnisse, welches sich die neue Sanitätsbehörde ihrer Aufmerksamkeit empfehlen solle.« Als Pfyffer wegen dieser Medizinalreform Troxler persönlich aufsuchte, zeigte ihm dieser mit einem gewissen Stolz seine Berufung nach Bonn. Pfyffer wendet sofort ein: »Nein, bei uns in Luzern sollten Sie Philosophie lehren.« Damit begann die Frage von Troxlers Berufung nach Luzern die Gemüter zu beschäftigen. Es war keine blosse Verwaltungsangelegenheit, denn für Pfyffer hing sie mit einer grundlegenden Gymnasialreform zusammen. Zugleich wollte er Troxlers Freund Alois Vock als Leiter des Priesterseminars nach Luzern ziehen, um auch dort einem freieren Geist die Bahn zu brechen. Troxler unterstützte den Plan und bearbeitete Vock, zuzusagen. Er hoffte sogar, dass Balthasar ebenfalls in den Luzerner Lehrkörper treten werde. Mit diesen zwei zusammen versprach er sich ein fruchtbares und fortschrittliches Wirken. Aber Vock zögerte, traute den Luzernern keinen wahren Reformwillen zu und sagte schliesslich ab, zur grossen Enttäuschung Troxlers.

Einem Freund äusserte er in jenen Tagen: »Ich will den Platz fürs Vaterland, ich will die Stelle für das, was ich fürs Beste halte. Kanns nicht sein, so bleibe ich gerne noch geplagter, gequälter, zerschellter, gedrückter und geängstigter medizinischer Praktikus.«

In solchen Worten sprach sich die Spannung zweier Lebensepochen, die Nähe einer entscheidenden Schicksalswende aus.

Da Troxler alles ernst nahm, was er aufgriff, und jetzt nicht mehr mit jugendlicher Unbesorgtheit eine neue Aufgabe übernehmen konnte, vergegenwärtigte er sich genau die politischen und geistigen Verhältnisse in Luzern. Was durfte er von den führenden Köpfen erwarten, mit welchen Kräften und Haltungen musste er rechnen? Gefühlsmässig war ihm nicht nur Beromünster, sondern ebensosehr Luzern als Schauplatz seiner Kindheit und Jugend ans Herz gewachsen.

Er wurde lange hin und her gerissen zwischen Zusage und Absage. Als er von Eduard Pfyffer die bestimmte Anfrage in

Händen hatte, schrieb er ihm: »Ich schaudere ein wenig vor dem Lehrauftrag. Nicht dass ich das Fach an sich scheute, aber wohl seinen Vortrag. Wer jetzt Philosophie in Luzern lehren will, muss Augen und Ohren zumachen, und schwebt in Gefahr, auf den Scheiterhaufen zu kommen. In der Sache selbst liegt zwar eine grosse Waffe für Licht, Wahrheit und alles Gute, aber sie würdig zu führen, ist besonders schwer und gefährlich.«

Troxler bittet Pfyffer sogar, gut zu bedenken, wem er dieses Fach übertragen wolle, »denn diese Stelle ist der Wendepunkt zwischen geistlichen und weltlichen Verhältnissen in unserer Zeit und unserer Lage«.

»Unsere Lage« bedeutet hier die Lage der Liberalen, in die Troxler nun Pfyffer einbezieht, nachdem er zuerst skeptisch war und seiner Kraft nicht traute, Reformen wirklich durchzuführen. Die liberalen Kräfte waren gegenüber der jesuitisch-klerikalen Partei im Bunde mit dem Aristokraten Rüttimann, den »Vierzehnern«, noch in Minderheit und als solche in Opposition zum herrschenden Regime.

In einem Moment der Begeisterung für Luzern überlegte er sich seine äussere Lage. Diese hatte sich in finanzieller Hinsicht in Beromünster durch die grosse Praxis sehr günstig entwickelt, und seine Frau war mit ihm einig, mit bescheidenen Ansprüchen zu leben und sich noch etwa 6 Jahre in der Arbeitsfron der Praxis zu gedulden, um soviele Mittel zu sparen, dass er dann als freier Forscher und Schriftsteller für die Wissenschaft leben könnte in unabhängiger Stellung. Das war sein Plan. Und so kam ihm der Ruf nach Luzern gewissermassen zu früh. Der Wechsel ins dortige Lehramt würde eine empfindliche materielle Einbusse bedeuten. Er schrieb an Pfyffer: »Stünde ich allein (d.h. ohne Familie), würde ich ohne Bedenken, ohne Rücksicht auf Missdeutung alles vergessend mit Begeisterung mich der grossen Sache opfern.«

Man muss wissen, dass Philosophie damals und besonders für Troxler, nicht eine Gelehrtenstubenangelegenheit war, die nichts mit dem praktischen Leben zu tun gehabt hätte. Vielmehr bedeutete sie das aktive Durchdenken der Stellung des Menschen zur Natur, zur Gesellschaft und zur göttlichen Welt, vereint mit dem starken Willen, daraus praktische Konsequenzen zu ziehen und diese mutig gegen alle Widerstände zu vertreten und durchzuhalten.

Zwei Dinge führten dann die Entscheidung herbei. Im Juli erlebte die Familie Troxler den Tod der ältesten Tochter Henriette, die innert 5 Tagen an Scharlach in ihrem 8. Lebensjahr hinweggerafft wurde. Jetzt stieg die Verzweiflung Troxlers über die Heilkunst aufs höchste und führte ihn zum Entschluss, ihr Valet zu sagen.

Kurz darauf brachte es Pfyffer zustande, dass alle Stellen am Gymnasium und Lyzeum aufgehoben wurden, um einer Neubesetzung und der Einrichtung neuer Lehrstühle den Weg zu öffnen. Am 20. August erfolgte die Wahl Troxlers und Eutych Kopps. Beide kamen aus Beromünster und waren die ersten Lehrer, die nicht dem geistlichen Stand angehörten. Sie erhielten die neu errichteten Stellen, Kopp für die Philologie (Latein, Griechisch und Hebräisch) und Troxler für die Philosophie und allgemeine und Schweizer Geschichte. »Die gute Sache hat gesiegt, doch nicht ohne grosse Kämpfe und Anstrengungen. Wir haben einen sehr bedeutsamen Schritt vorwärts gemacht und den Jesuiten ist die Türe jetzt versperrt und dem Pfaffentum ein tödlicher Stoss beigebracht«, konnte Pfyffer an Troxler melden. Die päpstliche Nunziatur in Luzern hatte bis am Vortag alles versucht, Troxlers Wahl zu hintertreiben.

Wie Troxler voraussah, brachte dieser Wechsel eine beträchtliche finanzielle Einbusse mit sich. Für ihn wog aber schwerer das Wirken für die Zukunft des Vaterlandes und das Leben mit der studierenden Jugend.

Am 4. Oktober 1819 erfolgte der Umzug nach Luzern. Zwischen seiner Wahl und dem Beginn des Unterrichtes stand ihm nur kurze Zeit zur Verfügung.

Das Luzerner Drama

Wer glaubt, es habe sich bei den Ereignissen in Luzern von
1819-1821 um eine persönliche Angelegenheit zwischen Troxler und der Luzerner Regierung gehandelt, und wenn Troxler
sich nur einigermassen vernünftig und vorsichtig und nicht so
»leidenschaftlich und heftig« verhalten hätte, so wäre das nicht
passiert, der irrt. Alle Indizien sprechen dafür, dass hier zwei
geistige und politische Welten aufeinander stiessen, die europä-
isches Ausmass hatten. Da Troxler der Repräsentant der einen
Welt war und die Massgeblichen von Luzern die andere Welt
vertraten, so musste es unweigerlich zum Konflikt kommen. Da
beide Seiten die Spannung schürten, so wurde der Konflikt dra-
matisch, und weil er auf Schweizerboden stattfand, spielte sich
das Drama in aller Öffentlichkeit unter Anteilnahme des ganzen
Volkes ab, wiewohl die eine Seite gemäss altem Stil gerne die
Sache hinter verschlossenen Türen geheimer Regierungsmass-
nahmen hätte behandeln wollen. Das wurde ihr aber durch
Troxlers offene Kampfesweise vereitelt. Troxlers cholerischem
Temperament ist es zuzuschreiben, dass die Auseinandersetzung
sich nicht über viele Jahre hinzog, sondern in der kurzen Zeit
von 2 Jahren sich eindeutig entschied.

Kaum war Troxler in Luzern, so fing es bereits zu gären an,
hörte er doch schon im ersten Monat, dass von Luzern aus in
andern Kantonen dahin gewirkt wurde, Schüler vom Besuch der
verjüngten Anstalt abzuhalten. Troxler allerdings stellte sich diese
Gegensätze harmloser vor, als sie tatsächlich waren. Er hoffte an-
fänglich, mit den ausgeprägtesten Vertretern der Geistlichkeit im
Kollegium des Lyzeums »in Frieden leben zu können, wenn die
erste Gärung verbraust ist«. Er täuschte sich über die Anfeindun-
gen.

Troxler stürzte sich sogleich in seine Aufgabe, auf die er sich mit Feuereifer vorbereitet hatte. Im ersten Winter unterrichtete er sieben verschiedene Fächer in den zwei Lyzeumsklassen: Logik, Anthropologie, Philosophische Sittenlehre, Philosophische Rechtslehre, Metaphysik, Ästhetik und Allgemeine Geschichte. Er äusserte sich über dieses umfangreiche Pensum, er sei mit seinen sieben Fächern »unmenschlich geplagt«, aber zugleich sagt ihm das Unterrichten ungemein zu und er bemerkte: »Lust erleichtert die Last.« Er war ein Anfänger im Lehrberuf, und die Vorbereitung der Lektionen brachte ihm viel Arbeit, da es ihm nie gut genug zu gehen schien. Sein Freund Balthasar, der Bibliothekar der Kantonsbibliothek in Aarau, versah ihn reichlich mit Literatur, wofür ihm Troxler herzlich dankbar war.

Was nun in diesen Wochen im Spätherbst 1819 im Luzerner Lyzeum geschah, war kein schüchternes Probieren eines Anfängers. Es war das Hervorbrechen eines pädagogischen Urtalents. Troxler fühlte sich auf dem höchsten Punkt seines bisherigen Lebens. Mit sprühender Begeisterung kam er in die Klassen, mit glänzender Eloquenz trug er seine Themata vor. Seine Begeisterung übertrug sich auf die Schüler und in kurzer Zeit hatte er ihre Herzen erobert. Sie waren·Feuer und Flamme für ihren neuen Lehrer und seine erhebenden Lehrstunden. Sein Erfolg war durchschlagend. Aus mehreren andern Kantonen und sogar aus dem Ausland kamen Schüler wegen Troxler nach Luzern. Ein neuer Geist wehte durch die ganze Anstalt. Der Lerneifer und die Freude am Forschen und Studieren wuchsen zu neuer Höhe an. Nicht trockene Gelehrsamkeit trat ihnen entgegen. Aus dem vollen Leben war alles geschöpft. Und wenn die Schüler es gelegentlich nicht leicht hatten, den Vorträgen Troxlers zu folgen, so ersetzte die Begeisterung das unmittelbare Verständnis. Es ergab sich von selbst, dass die früher innegehaltene Distanz zwischen Lehrer und Schüler sich auflöste und einem freundschaftlichen Gespräch Platz machte, da Troxler auch ausserhalb der Unterrichtszeit für Fragen der Schüler zur Verfügung stand. Und Fragen ergaben sich fortwährend aus dem anregenden Unterricht. Troxlers Wirkung grenzte ans Wunderbare. Es gab Stunden tiefster religiöser Ergriffenheit. Für manche Schüler war die

Begegnung mit Troxler gleichbedeutend mit einem Umschwung ihres Lebens. Einer bezeugte, mit einem Schlag habe hier sein selbständiges geistiges und äusseres Leben begonnen. Einer fing damals an, Tagebücher zu schreiben als Übung der Selbstkontrolle und setzte sie fort bis an sein Lebensende. Ein einziger Satz Troxlers konnte zünden und zur Inangriffnahme einer grossen Arbeit befeuern. Einmal sagte er, das menschliche Gemüt sei noch gar nicht ergründet. Das genügte, um in einem der Schüler den Trieb zu wecken, Psychologen und Dichter zu lesen. Unnötig zu sagen, dass die Schüler sich auch gegenseitig anregten. Ein drängendes Leben erwachte in der Schülerschar, ein Tatendrang, der sich auch in Übermut und Fröhlichkeit auslebte.

Troxler war eine der glänzendsten Erscheinungen des schweizerischen Geisteslebens jener Tage. Die Rechtsphilosophie, die er im ersten Winter lehrte, weckte bei den Schülern das Interesse wie alles wurde, wie es jetzt ist und wie es werden sollte. Sein Unterricht war immer gespickt mit aktuellen Themen, besonders in diesem Fache. Über seine Rechtsphilosophie schrieb er seinem Freund Balthasar: »Gerade jetzt bin ich mitten im Staatsrecht, und ohne dass ich will, wird es eine fortlaufende Kritik unserer gesellschaftlichen Ordnung. Die Stunde über Trennung der Gewalten hat meine jungen Herzen – und Zwerchfelle – gleich stark erschüttert.«

Das Unterrichten gab Troxler auch die Anregung zum Weiterstudium. Er sagte: »Die Geschichte würde, wenn ich frei genug wäre, mein liebstes Studium. Sie ist auch das meiner Zuhörer, was mich innig freut.« Troxler hatte die Gabe des spontanen Humors und konnte die Dinge durch kräftige Formulierungen oft überraschend anschaulich erläutern, manchmal aber auch reichlich abstrakt, und trotzdem immer lebendig. Seinem Temperament entsprach es, sich in die aktuellen Fragen hineinzustellen: »Im Staatsrecht lebe ich mitten in unserer Zeit, da ich alle ihre grossen Fragen vom Lehrstuhl aus abhandle.« Gerade das war mit ein Grund, weshalb die Jugend an seinen Lippen hing und seine Worte aufsog wie Wasser des Lebens. »Ob ichs recht mache, mögen andere urteilen, aber dass ich nicht umsonst da bin, weiss ich,« schrieb er Balthasar.

Troxler verfuhr nicht nach einem Lehrbuch. Er schuf selbst ein solches. Im Frühling 1820 erschien in Zürich seine »*Philosophische Rechtslehre*«, welche die von den Studenten niedergeschriebenen Vorlesungen im ersten Winter seiner Lehrtätigkeit enthält. Das Buch hat den Untertitel: »Mit Rücksicht auf die herrschenden Irrlehren der Liberalität und Legitimität«. Damit waren seine politischen Antipoden Rousseau und Karl Ludwig v. Haller gemeint. Er nennt seine Schrift »eine tüchtige Ladung nach allen Seiten des Völker-, Staats- und Privatrechts. Es tut not, dass eine neue Lehre, die höher steht als die von Rousseau und Haller, ins Leben trete.«

An anderer Stelle führte er aus: »Die Schrift enthält viel Kühnes, Eigentümliches und mitten in die Zeit einschlagendes in ruhiger didaktischer Form. Doch besorge ich, missverstanden, noch mehr absichtlich entstellt zu werden. Meiner Person wegen, läge mir wenig daran, aber um der Sache willen, wünschte ich, dass die Schrift rücksichtslos nach Verdienst gewürdigt würde.« Mit rücksichtsloser Würdigung meint Troxler, dass man auf seine Schrift wirklich eingehe und die darin entwickelte Staatsidee ernst nehme, denn sie ist nicht geschrieben zum wissenschaftlichen Zeitvertrieb, sie will vielmehr mit Irrtümern aufräumen. Das »mitten in die Zeit einschlagende« betrifft vor allem die Gegnerschaft zu Hallers Werk »Restauration der Staatswissenschaften«, ein 6-bändiges Werk, das von 1816-1825 erschien. Schon beim Erscheinen des ersten Bandes war Troxler sogleich zur Stelle und eröffnete den Geisteskampf mit der grosszügigen Bemerkung im »Schweizerischen Museum«: »Ein Werk, dem die Menschheit grossen Dank schuldig ist, weil es die falscheste aller Lehren in grösster Wahrheit vortrug.«

Troxler weist darauf hin, dass die Schweiz zwei extreme politische Lehren hervorgebracht habe: Rousseau in Genf seinen *Contrat social* und Haller in Bern seine »*Restauration der Staatswissenschaften*«. Er komme nun als Dritter und ziehe eine Art Mittellinie in Unabhängigkeit von den beiden, aus Liebe zum Vaterland und Begeisterung für die Freiheit, um die Grundirrtümer der zwei Extreme aufzuheben und die *Idee des Freistaates* auf der Grundlage der *Souveränität der Nation* und der *Naturrechte des*

Menschen, eine Staatsidee, die noch nirgends verwirklicht war und deshalb eine »Ladung nach allen Seiten« darstellte, bereit, um in den politischen Gärungsprozess einzugreifen.

Troxler entdeckte den Grundirrtum Rousseaus darin, dass der von ihm erträumte Naturzustand des Menschen, in dem jeder Mensch für sich als Einzelner steht, überhaupt nie existiert habe. Von Anfang an sei der Mensch ein Gemeinschaftswesen gewesen und sei in einer Gemeinschaft zum Menschen geworden, in der Familie, in der Sippe, im Volke. Ein nachträglicher Zusammenschluss der Einzelnen im Contrat social aus Nützlichkeitsüberlegungen sei eine abstrakte Konstruktion. Die Kräfte der menschlichen Gemeinschaft seien ganz anderer Art und viel tiefer in der Menschennatur begründet, deshalb auch viel realer als alle Konstruktionen des Verstandes.

Rousseau war schon in der französischen Revolution ins Leben Europas eingegangen, während das Werk Hallers in Wien und Berlin auf lebhafte Zustimmung stiess. Es wurden Hallervereine gegründet und in Kreisen des preussischen Kronprinzen machte man den Vorschlag, in keine Gesellschaft zu gehen, ohne wenigstens ein Zeugnis für Haller abzulegen. Auch in Frankreich, Italien (Kirchenstaat) und Spanien bekannten sich führende Männer zu seinem System. Dieses bedeutete eine Ermutigung und Bestärkung aller reaktionären Kreise des In- und Auslandes. Das Werk Hallers wurde in alle Weltsprachen übersetzt. Es war ein Kampfbuch und zugleich eine geistige Tat, die zur Auseinandersetzung herausforderte. Haller war der Philosoph und Theoretiker der europäischen Reaktion nach Napoleon. Er fühlte in sich eine göttliche Sendung, die durch die Revolution irregeleitete Menschheit wieder auf den rechten Weg zu bringen. Hiezu schien ihm die Ausrottung aller Entwicklung zur Freiheit und Selbständigkeit und die Rückwärtsbewegung in die vorrevolutionäre Gesellschaftsordnung der absoluten Monarchie notwendig. Die einzig naturgemässe, d.h. bei Haller *legitime* Gesellschaftsordnung ist die des Herrschens und Dienens, die Organisation des Staates von oben nach unten, von einem Alleinherrscher, der nur Gott verantwortlich ist, über die Hierarchien der Beamten und Diener des Herrschers zum untertänigen, beim allmächtigen

Herrscher Schutz suchenden Volk. Die Menschen stehen in einem Kindesverhältnis zum Herrscher, er ist der Vater des Volkes und Land und Volk sind sein privates Eigentum. Das ist ein Naturgesetz, das ist die rechte gottgewollte Ordnung, wie sie sein und bleiben muss. Der Fürst ist auch der Richter (keine Trennung der Gewalten) und gibt Privilegien, Rechte, Freiheiten, Gnaden. Er selbst ist keinem Gericht unterstellt. Die Staatsfinanzen sind seine privaten Finanzen. Er schuldet den Untertanen keine Rechenschaft.

Eine solche Ordnung war nichts Neues, im Gegenteil seit Jahrhunderten praktiziert worden. Neu war jedoch die Kühnheit und Folgerichtigkeit, mit der sie als Lehre schriftlich niedergelegt wurde und mit einer messianischen Kraft und der Geschlossenheit eines Glaubensbekenntnisses in einem beinahe apokalyptischen Sprachstil gerechtfertigt wurde. Es war ein Totalangriff auf alle revolutionäre und freiheitliche Entwicklung, eine grundsätzliche Negierung der demokratischen Staatsform. Es war ein monumentaler Protest gegen die Idee der geistigen Evolution der Menschheit. Diese hat ja nicht erst 1789 begonnen, sondern schon im 16. Jahrjundert. Es ist deshalb folgerichtig, dass Haller ein Buch geschrieben hat über die kirchliche Revolution im 16. Jahrhundert, in dem er die Reformationsbewegung von Anfang bis Ende unter negativem Vorzeichen sieht, unter Bagatellisierung oder Verschweigung aller Schattenseiten der katholischen Kirche.

Eigenartig nimmt sich aus, dass eine solche Lehre im Land der Freiheit entstanden ist. Troxler sah das Groteske daran und schrieb 1818 an Varnhagen: »Niemand hat seinen dickleibigen Klotz in drei Bänden (Restauration der Staatswissenschaft) – ein schändlicher Wust gegen Menschheit, Freiheit und Recht – anzugreifen sich die Mühe genommen. Ausser den Buchhändleranzeigen war keine Rede davon, was mich recht freute. Es sieht aus wie ein keusches Erröten der guten Helvetia, dass so was an ihrem Busen vorging.« Natürlich fand Haller unter der Oberfläche auch in der Schweiz seine Leser und Nachbeter.

Will man Troxler recht verstehen, so muss man sich klar sein, dass jenes Wort vom »mitten in die Zeit einschlagenden« keine

Phrase war. Seine Philosophische Rechtslehre traf auf das brennende Problem der Zeit. Man kann etwa daran erinnern, dass 1817 an dem berühmten Wartburgfest der deutschen Hochschuljugend, wo für ein gemeinsames deutsches Vaterland auf der Basis von Recht und Freiheit geworben wurde, nebst vielen andern Schriften auch solche von Haller und Kotzebue öffentlich verbrannt wurden.

Damit kommen wir auf die europäischen Zusammenhänge von Troxlers Luzerner Drama im Jahr 1819 zu sprechen:

1. Im März wurde der russische Staatsrat und Dramendichter Kotzebue in Mannheim von einem fanatischen Studenten Karl Sand ermordet, weil er in einem Literaturblatt die liberalen Ideen und patriotischen Ideale der deutschen Burschenschaften lächerlich gemacht hatte und als Spion galt.

2. Die unmittelbare Folge dieses Mordes waren die »Karlsbader Beschlüsse« der Allianzmächte unter der Führung Metternichs. Obschon Karl Sand als Einzelgänger gehandelt hatte, lancierte Metternich die Verdächtigung eines geheimen Bundes gegen die Fürsten. In Karlsbad beschlossen deshalb die Mächte:

Die Hochschulen sind zu beaufsichtigen. Lehrer mit neuen Gedanken werden abgesetzt und nirgends mehr angestellt. Die Burschenschaften werden verboten, die Pressezensur verschärft und eine Kommission wird mit dem Vollzug dieser Beschlüsse beauftragt. Was daraus folgte, waren Verfolgungen, Hausdurchsuchungen, Verhaftungen, Verdächtigungen, Denunzierungen bei der Staatspolizei, Entlassungen, Briefzensur und Schriftenkonfiskation, eine Flüchtlingswelle in die Schweiz, u.a. Wolfgang Menzel, der dann in Aarau Troxlers Freund und Kollege wurde.

3. In Paris wurde das Blatt »Le drapeau blanc« gegründet, die Zeitung der extremen französischen Royalisten, und wie Haller sagte: das antirevolutionäre Blatt für ganz Europa, an dem er dann selbst aktiv mitwirkte.

Im schweizerischen Rahmen waren drei den europäischen entgegengesetzte Vorkommnisse zu bemerken:

1. Die Wahl Troxlers an das Gymnasium-Lyzeum Luzern und die geplante Schulreform.
2. Die Gründung des Zofinger Studentenvereins. Nirgends pul-

sierte der nationale Gedanke lebhafter als in der akademischen Jugend. Der Zweck dieses Vereins war, das Band der Freundschaft über alle Schranken der Konfessionen, Sprachen und Kantonsgrenzen hinweg zu schlingen, um aus der Enge der Kantone herauszukommen und das gemeinsame Vaterland zu einigen. Die Zofingerversammlungen erregten Aufsehen im Ausland und wurden als Klub von Revolutionären und Königsmördern oder als »Umtriebe« und »Herde« denunziert, wo der Hass gegen alles Bestehende gepredigt werde. An dieser Propaganda beteiligte sich auch das »Drapeau blanc« in Paris und Karl Ludwig v. Haller.

3. Im Mai 1819 nahm die Helvetische Gesellschaft ihre Zusammenkünfte in Schinznach nach 5-jährigem Unterbruch wieder auf. Diese Tagungen nahmen jetzt immer mehr den Charakter einer liberalen Heerschau an und vereinigten die Kräfte, die nach Verbesserungen strebten, im Gegensatz zu früher, als man bloss die Freundschaft und das gegenseitige Kennenlernen von Eidgenossen aus verschiedenen Kantonen pflegen wollte, ohne politische Ziele zu verfolgen. Jetzt wurden die Präsidialreden zu Demonstrationen liberalen Geistes.

Fast gleichzeitg wie Troxlers Philosophische Rechtslehre erschien 1820 eine Schrift von K.L.v. Haller, welche die politische Lage grell beleuchtete. Es war ein Pamphlet mit dem Titel »Über die Constitution der spanischen Cortes«.

Es handelte sich um einen neuen Versuch, eine schon früher angestrebte demokratische, auf Freiheit und Gleichheit beruhende Verfassung einzuführen und eine vom Volk gewählte gesetzgebende Versammlung (die »Cortes«) zu konstituieren. Haller nahm dies zum Anlass, in einer Schrift die spanische Verfassung zu verunglimpfen, indem er sie ein »Labyrinth menschlicher Dummheit« nennt, demgegenüber »christliche Liebe« erfordere, sich des Schicksals der Redlichen und der betrogenen Schlachtopfer zu erbarmen (d.h. des spanischen Volkes). Eine auf den Grundsätzen der Demokratie stehende Verfassung mit vom Volk gewählten Behörden, mit Pressefreiheit und gesetzlicher Rechtsordnung, mit gerechtem Abgabesystem und einem der Verfassung verantwortlichen Königtum, wie dies angestrebt war, nennt

Haller in seiner Schrift: »Unsinn, Wahnsinn, schändliche Fesseln, Raub aller natürlichen und erworbenen Rechte an Leben, Ehre, Freiheit, Eigentum und täglichem Brot.« Das Wort Constitution nennt er ein »Leichenwort«, das Verderben und Totengeruch verbreite und wer es ausspreche sei ein Narr und Schurke.

Das Pamphlet Hallers durfte auf keinen Fall unbeantwortet bleiben. Die Antwort liegt vor in Troxlers Schrift *»Fürst und Volk«*.

Es hat eine eigentümliche Bewandtnis mit dieser Schrift. Nur das kleine Vorwort ist von Troxler. Das Übrige ist die Übersetzung zweier Schriften englischer Verfasser, *Buchanan* und *Milton*, deren Originale Lateinisch abgefasst sind. Die erste von Buchanan »De jure regni« (Vom Recht des Herrschens) erschien 1576 in Edinburg, die andere »Defensio pro populo anglicano« erschien um 1650 in London, geschrieben von John Milton, dem bedeutenden englischen Dichter, im Auftrag des Staatsrates von England zur Verteidigung des englischen Volkes gegen eine Schrift des Holländers Salmasius; diese kontroversen Schriften Salmasius-Milton handelten von einer Episode der englischen Geschichte, in der der König Karl I. zum Tode verurteilt und hingerichtet wurde, weil er sich als absoluter Herrscher gebärdet hatte und sich mehrmals gegen die Rechte des Parlamentes und des Volkes vergangen hatte. Salmasius hatte diese Verurteilung eines Königs schwer gebrandmarkt, während Milton sie auf Grund der englischen Rechtsgeschichte verteidigte. Dieser Bezug gab dann im Falle Troxler Anlass zu schweren Missverständnissen.

Troxler hatte von Buchanan und Milton Kenntnis durch Vermittlung seines Freundes Balthasar, der ihn seit 1815 reichlich mit Literatur versorgte. Wie zufällig las Troxler im Frühling 1821 wieder die Schrift Miltons und wurde davon ergriffen. »Es ist eine Kraft der Beredsamkeit darin, die dem Schönsten und Grössten aus Rom und Athen gleichkommt, und eine Weisheit, welche gehört und befolgt, die glücklichste Lösung der wichtigsten Fragen der Legitimität und Fürstenschaft gibt. Sie greift mitten in unsere Zeit. Ich habe mich entschlossen, das Schriftchen ins Deutsche zu übersetzen.« So schrieb er am 15.4.1821 an Balthasar.

Bis Ende April hatte er auch die Schrift von Buchanan und bereits einen Drucker in Zürich gefunden und ging nun mit Eifer ans Werk. Es ging nicht lange, so wurde er der brennenden Aktualität der Schrift inne: »Da könnte man sich leicht die Finger verbrennen, umso mehr als man mit Miltons Grundsätzen fast ganz einig geht. Das Ding erscheint, wie ich hoffe, zur rechten Zeit und ich bin begierig, wie es wirken wird.« Am 5. Mai 1821: »Ich übersetze eifrig Buchanan und Milton. Es ist ein Verstand, ein Mut, eine Kraft darin, mir selbst bangt zuweilen, wenn ich denke, dass das jetzt heraus soll. Aber es muss doch sein, und bald.«

Eine ganz eigene Atmosphäre umgibt ihn in den Wochen des Übersetzens, zur Zeit, als er schon von allen Seiten angefeindet war und ab und zu auch bange Momente durchlebte in seiner Einsamkeit. Wenn er dann wieder alles überdachte, mit seiner begeisterten Jugend zusammenkam, und Hallers Pamphlet gegen die Schrift von Milton hielt, stieg der Mut wieder empor: »Meinen Buchanan und Milton will ich den Kerls an den Kopf werfen, es sind entsprechende und treffende Stellen darin. Man wird mich wieder mit wunderlichen Augen ansehen. Aber das bin ich längst gewohnt.« Troxler hat die Kapitel, welche von der Geschichte des unglücklichen Königs Karl I. handeln, weggelassen, denn es ging ihm keineswegs um diese Episode, sondern um die Verteidigung der demokratischen Staatsform und des freiheitlichen Rechtsstaates, in dem auch die Regierung, und allenfalls ein König, absolut an Verfassung und Gesetz gebunden und jederzeit über alles Tun dem Volke Rechenschaft schuldig ist.

Bevor die Schrift erschien, gab es einen merkwürdigen Zwischenfall. Der Druck in Zürich musste die Zensur passieren. Auf einmal trat eine Verzögerung ein. Die Einleitung war schon gedruckt, als ausländische Noten eintrafen und die Erlaubnis zurückgenommen wurde. Wie in aller Welt konnte man in Wien oder Berlin wissen, dass in Zürich »Fürst und Volk« gedruckt werde? Dies ist nie aufgeklärt worden. Troxler liess sich nicht einschüchtern. Er bemerkte boshaft im Hinblick auf die Noten: »Sie wissen, unsere Regenten tanzen nach Noten.«

Einige Worte

über

die graſſirende

Krankheit und Arzneykunde

im

Kantone Luzern

im Jahre 1806.

Von

Doktor

J. P. V. Crözler.

Zug,
gedruckt bey Johann Michael Aloys Blunschli

– Titelblatt der 16-seitigen Schrift aus dem Jahr 1806, gedruckt in Zug

Man machte Troxler allerlei Vorschläge, die Sache zu verschieben, den Titel zu ändern und »was die Feigheit sonst noch ersinnen kann«, und Troxler fuhr weiter: »Ich bleibe fest und erkläre, dass, wenn der Despotismus durch Haller verteidigt werden dürfe in der Schweiz, auch eine Widerlegung gestattet werden müsse und dass keine Dreifaltigkeits-Note verbieten könne, Schriften, die vor 250 Jahren erschienen, zu übersetzen und herauszugeben. Alles hilft nichts, Feigheit und Niedertracht sind beispiellos. Es ist eine Übersetzung mit einer gegen Hallers System gerichteten Einleitung, weiter nichts.«

Mit diesen Sätzen beweist Troxler einmal mehr, dass er genau wusste, was er tat und in welchem sachlichen Zusammenhang seine Schrift stand. Es war eine Stellungnahme im Stil des Entweder-Oder. Er sagte es auch ausdrücklich: »Ich werde hier nicht lavieren.«

Das kommt auch in dem kurzen Vorwort zum Ausdruck. Da steht der sinnreiche Satz: »Männer aus Irland brachten uns das Christentum (Kolumban und Gallus), Männer aus Schottland und England die wahren Lehren von der Freiheit.«

»War es einem Haller erlaubt, die Doktrinen von Salmasius zu erneuern, so muss es uns gestattet sein, die Lehren von Buchanan und Milton aufzufrischen.«

Unverblümt deckt er dann auf, weshalb Hallers Ansichten in Europa so grossen Widerhall gefunden haben:

»Weil der Verfasser in der Darstellung der krassen kruden Wirklichkeit der Staatsempirie sich aller Gedanken abzutun gewusst hat. Dadurch wurde das Gericht geniessbar für die vornehmen Herren, die, allem Denken und aller Wissenschaft von Herzen feind, immer den Mund voll Erfahrung und Geschichte führen, und weil die Ansichten Hallers dem Egoismus aller restaurationssüchtigen Zeitgenossen entgegenkommen, denen es um ihre zeitliche Brauchbarkeit und vorteilhafte Anwendung zur Restauration ihrer Personen, Familien geht, aus Eigennutz, Selbstsucht, Vorteil und Wohlbehagen.«

Das ist nichts anderes als die Kriegserklärung an die bestehenden Zustände, an Hallers »Restauration.....« und die berüchtigte Schrift über die Konstitution der spanischen Cortes. Über den

Sinn der Schrift »Fürst und Volk« spricht sich Troxler wie folgt aus: »Milton ist uns nun aber deswegen so höchst merkwürdig, dass er das Königtum in seiner wahren Legitimität aufstellt und daher unübertrefflich schön sowohl die Ausschweifungen des Herrschertums bezeichnet als die unbestreitbaren Rechte des Volkes ins Licht setzt. Unser Bestreben ging darauf aus, die allgemeinen Grundsätze über Volksrechte und die geistvollen *Widerlegungen der absoluten Gewalt* soviel wie möglich in ihrer Eigentümlichkeit herauszuheben. In Buchanans Gespräch ist die edle Flamme des republikanischen Geistes, die Grundsätze einer populären (d.h. volksverbundenen) Politik, die Maximen einer freien Regierung mit Bestimmtheit und Energie dargestellt.«

In das Bild der Lage gehört die Konferenz der Mächte in Troppau im Oktober 1820 und in Laibach im Januar/Februar 1821, dann in Verona im Oktober 1822.

Jedesmal wurden die Karlsbader Beschlüsse verstärkt und ergänzt. In Troppau wurde die militärische Intervention der Mächte sanktioniert für den Fall, dass in einem Staat durch einen Aufruhr Regierungsänderungen bewirkt würden und ihre Folgen andere Staaten bedrohten. Das konnte unmittelbar auch auf die Schweiz angewendet werden. Obschon sie de jure eigentlich nicht zur Heiligen Allianz gehörte, wurde sie de facto dazu gezählt. Alle Volksbewegungen, die der legitimen Ordnung und Beständigkeit widersprachen (nach Hallers Konzept), mussten nach den Troppauer Beschlüssen unterdrückt werden. So geschah es auch 1820/21 in Piemont, Neapel und Spanien durch handfeste militärische Intervention. In Neapel marschierten z.B. die Österreicher am 24.3.1821 mit einer Armee ein, um das Königtum wieder herzustellen. Der russische Zar verkündete in jenen Tagen: »Retten wir Europa, das ist der Wille Gottes« (getreu nach Hallers Ansichten).

Weiterhin gehört ins Gesamtbild, dass 1821 der Freiheitskampf der Griechen gegen das türkische Joch begann, dem in der Schweiz lebhafte Sympathie und tatkräftige Hilfe entgegen gebracht wurde, an der sich auch Troxler beteiligte, der aber von den Mächten als verruchte Empörung gegen »rechtmässige Herrscher« betrachtet wurde.

Es kamen eine ganze Anzahl neuer Erscheinungen hinzu, welche die Stimmung um Troxler zusehends gespannter werden liessen. Wenn schon die Partei der Absolutisten und Geistlichen durch den grossen Einfluss Troxlers auf die Jugend und seinen Lehrerfolg erschrocken war und mit Neid und Argwohn die Dinge verfolgte, so fand nun jedes neue Phänomen Misstrauen und Kritik. Da war z.B. das damals neu aufkommende Turnwesen. Adolf Menzel, ein Jünger des deutschen Turnvaters Jahn, war als politischer Flüchtlin in die Schweiz gekommen und in Aarau als Lehrer und Pionier des Turnens angestellt worden. Nun kam er auch nach Luzern, um am Gymnasium-Lyzeum das Turnen und einen Turnplatz einzurichten. Er fand in Troxler einen Förderer seiner Sache und persönlichen Freund; denn mit seinem pädagogischen Blick erkannte Troxler die Einseitigkeit des rein intellektuellen Unterrichts und den harmonisierenden Ausgleich durch das Turnen. Da der Turnplatz zu nahe an einem Nonnenkloster lag und die jungen Nonnen nicht verschmähten, den tummelnden Jünglingen verstohlen zuzuschauen, erhoben sich gleich besorgte Stimmen gegen den »Zerfall der Sitten«. Man musste den Platz verlegen. Die gegnerischen Stimmen verstummten jedoch nicht. Man befürchtete schwere Unfälle beim Turnen. Einer der Schüler schrieb dazu: »Die Sache ist eben der alten Stadt Luzern zu neu, den Geistlichen zu toll, den Ratsherren zu gefährlich und alten Weibern zu sündhaft. Aber wir lachen und turnen dennoch alle Wochen vier Stunden.«

Nun kam dazu, dass durch Anregung Troxlers der Zofinger Studentenverein in Luzern Eingang fand. Im Sommer 1820 entstand eine Ortssektion Luzern. Die Devise »Hinaus aus der kantonalen Abkapselung in die eidgenössische Verbrüderung« fand durch Troxlers Ansporn in Luzern ein besonders starkes Echo und die Luzerner Sektion wurde extrem liberal. Die Unzufriedenheit mit den bestehenden Verhältnissen war wie ein einigendes Band. An der zweiten Zusammenkunft der Zofinger im Sommer 1820 wurden die Luzerner und Lausanner mit stürmischer Freude empfangen, da nun auch das französische und das katholische Element vertreten waren.

Die Luzerner jubelten: »Die goldene Zeit der Urschweizer, wo das Hochgefühl für Freiheit und Vaterland einigend in jedem Busen pochte, ist wieder da.« Und die Waadtländer sagten, um die Sprachbarriere zu verkleinern: »La langue n'est qu'une ombre de l'idée, deux mains qui se serrent en disent plus que toutes les paroles.« Aus Zürich hörte man: »Seien wir nicht in erster Linie Zürcher, Berner oder Luzerner, sondern Schweizer mit dem gleichen Freiheitssinn.« Aristokraten, Ultramontane, Jesuiten und Le drapeau blanc in Paris denunzierten, verleumdeten und bekämpften die Zofinger. Der Bischof von Basel verbot den Theologiestudenten unter Strafandrohung die Teilnahme an Verbindungen mit Reformierten. Der Luzerner Sektion der Zofinger wurde von dieser Seite auch zugesetzt, ohne Erfolg.

Neues Ärgernis erregte die im Jahre 1821 erfolgte Gründung des »Sempachervereins«, wieder eine Bestrebung, die die Gemeinsamkeit aller Schweizer betonte: Absolventen von höheren Schulen aus verschiedenen Kantonen wollten sich jedes Jahr an einer denkwürdigen Stätte der Schweizer Geschichte unter freiem Himmel treffen und mit Gesang und feurigen Reden den gemeinsamen vaterländischen Geist pflegen. Die erste Versammlung fand in Sempach statt, und der Troxlerschüler Jakob Robert Steiger hielt die begeisterte Rede.

Ein weiterer Faktor der Unruhestiftung war die ausserkantonale Presse, der »Schweizer Bote« in Aarau und das neue »Schweizerische Volksblatt« in Zürich, in denen Troxler und andere Liberale dauernd alles Rückständige, Verkehrte und Faule, alles Ungerechte und Anmassende bekannt machten, angriffen und verspotteten.

Manchmal erhält man den Eindruck, als habe sich Troxler durch die Fülle seiner Einfälle und die sprachliche Virtuosität in einen Kampfesübermut hineingesteigert und sich einen Spass daraus gemacht, mit den Regenten von Luzern in einem heimlichen Krieg zu leben. Als Freunde ihn warnten und zur Zurückhaltung in der öffentlichen Kritik rieten, da sie die Natur seiner Gegner vielleicht besser einschätzten, war Troxlers Antwort vielsagend und für ihn charakteristisch: »Es ist absolut notwendig, dass man die Verruchten wieder einmal züchtige, und die gebeugten Bessern durch ein kräftig Wort wieder aufrichte. Ist

Euch meine Art nicht recht, so macht es besser, aber wenn man nichts tut, haben die Oligarchen gewonnenes Spiel. Nun leben Sie wohl, und seien Sie doch mutiger, nur nicht so bedenklich und so entsetzlich klug.«

Abwägend, berechnend, vorsichtig und »entsetzlich klug« zu sein, war dem vorwärtsstrebenden und für die Verbesserung der Welt entflammten Geist Troxlers gleichbedeutend wie ehrlose Feigheit und schwächliche Verzagtheit.

Das »Unglück« wollte es, dass Troxler 1821 im Auftrag seiner Gemeinde Beromünster eine Denkschrift verfasste, weil die Gemeinde das Wahlrecht für ihren Gemeindeammann verlangte, das aus alter Tradition beim Probst des Chorherrenstifts lag. Der Rat von Luzern fand die Schrift rügenswert und erteilte dem Gemeinderat von Beromünster einen tüchtigen Verweis.

Troxler bemerkte dazu: »So ist ein Munizipalort im Jahre 1821 aufs Neue durch Willkür verdammt, sich seinen Vorsteher durch einen Pfaffen wählen zu lassen.«

Die Regierungspartei und die geistlichen Kollegen suchten Troxlers Stellung zu untergraben, sodass sich ein Zeitgenosse wunderte, mit welchen Gemeinheiten ein Genie zu kämpfen hat.

Von allen Seiten wurde Sturm geblasen gegen Troxler und seine Studenten. Der Pöbel wurde fanatisiert. In den Wochen vor der Absetzung, die im folgenden Abschnitt geschildert werden, wuchs die Spannung. Studenten wurden grundlos verhaftet und eingesperrt. Troxler forderte ihre Entlassung. In Gerüchten wurde die Erstürmung seines Hauses angedroht.

Troxler schilderte später diese Zeit im Briefwechsel mit Balthasar: »Meine Nächte waren wochenlang sehr unruhig. Ich musste mein Haus bewachen. Nie schlief ich von 11–3 oder 4 Uhr morgens. Es war immer viel Bewegung in der Gegend. Es liefen bezahlte Buben, die mir die Fenster einwerfen sollten, fast die halbe Nacht hin und her. Es patroullierten aber auch Studenten zu meinem Schutz. Doch fand ich nötig, alle Nächte mehrere Stunden mit ein paar geladenen Pistolen zur Seite und einem Knotenstock zu wachen.« Am 20. August erschien in Luzern Troxlers Schrift »Fürst und Volk«.

Sie wirkte wie der Funke im Pulverfass. Vorerst fand sie im In- und Ausland viel Beifall und reissenden Absatz. In 4 Wochen war die erste Auflage von über tausend Exemplaren vergriffen und eine zweite wurde verlangt, die dann 1822 erschien. Sie wurde auch in Luzern während mehr als zwei Wochen verkauft und eifrig gelesen, ohne dass irgend ein Unbefangener daran Anstoss nahm. Selbst in monarchischen Staaten Deutschlands und in Österreich wurde sie gelesen und gar empfohlen. Die Königin Christine von Schweden lobte öffentlich die Ansichten Miltons.

Anders die Luzerner Regierung. Am 7. September 1821 erschien Rüttimann im Rat und erhob Anklage, die Schrift lehre den Königsmord, sie kompromittiere die Schweiz im Ausland und gefährde Ruhe und Ordnung im Kanton. Sie wurde als Schmähschrift denunziert. Die Anklage führte dazu, dass 10 Tage später der gesamte versammelte Kleine Rat in einer Extrasitzung die fristlose Entlassung Troxlers ohne Verhör und Verteidigungsmöglichkeit verfügte. Eduard Pfyffer hatte sich vergeblich für Troxler eingesetzt. Er wurde selbst ein Opfer der Reaktion, indem er am Ende des Jahres nicht mehr wiedergewählt wurde. Die Schrift »Fürst und Volk« wurde sofort verboten.

Troxler protestierte in einem Schreiben an die Regierung gegen die für die Absetzung vorgebrachten Gründe: »Wer behauptet, die Schrift lehre Königsmord oder enthalte die Ruhe der Staaten gefährdende Grundsätze, verleumdet die Schrift, ihren Verfasser und die Regenten.« Er verweist auf die Tatsache, dass die Schrift in keinem andern Kanton, mit Ausnahme von Bern, verboten worden sei. Dann brandmarkt er das Vorgehen ohne Verhör und Verteidigung und behält sich alle weiteren Schritte vor, »die ihm Pflicht und Ehre vorschreiben«. Troxler erwartete jetzt zum mindesten eine Vorladung zu einer Aussprache. Statt dessen wurde sein Schreiben ad acta gelegt und ihm »mit Rücksicht auf den darin herrschenden Ton das allerhöchste Missfallen der Regierung« durch den Polizeirat ausgesprochen. Auch Zschokkes »Schweizerbote« wurde in Luzern verboten, der Troxlers Sache unumwunden verteidigte. Die Phalanx seiner Feinde hatte sich zum vernichtenden Schlag vereinigt: die Klerikalen wegen der Gymnasialreform, die Aristokraten wegen

Troxlers Staatsideen. Im Grunde galt ihre Feindschaft dem überragenden Geist, dem genialen Lehrer, dem freien Forscher und Denker, dem unbequemen Neuerer und Vorkämpfer der Pressefreiheit und Demokratie.

Es muss angenommen werden, dass Miltons Schrift an den Fürstenhöfen und in Aristokratenkreisen als »Apologie des Königsmordes« verschrien war und man in Luzern dieses Schlagwort willig aufgriff als wirksame Waffe gegen Troxler, ohne seine eigene Fassung der Schrift überhaupt zu prüfen, denn sonst wäre die Anklage in sich zusammengefallen.

Troxler sah den Vorgang als Symptom der Rechtlosigkeit des herrschenden Systems an:

»Meine Seele blutet – und weiss Gott weniger wegen der Art, wie man mitten in mein inneres Leben und äusseres Glück einen Riss gemacht, als weil ich den tiefen Verfall meines Vaterlandes sehe, und mir das schönste Mittel meines aufrichtigsten Bestrebens zu seiner Wiedererbauung mitzuwirken, so schändlich und mit schnöder Willkür entrissen worden ist.«

Troxler war nicht ein Revolutionär im gewöhnlichen Sinne. Er vertraute der stillen Wirksamkeit der Ideen, die er bei der Jugend durch Weckung des Denkens entwickelte als Lehrer der Philosophie. Das Vertrauen in die Macht des Gedankens zeichnet Troxler in besonderem Masse aus. Es ist ein Wesenszug seiner Persönlichkeit, auf dem das Geheimnis seiner Wirksamkeit beruht. Das zu sehen, war allerdings den wenigsten seiner Zeitgenossen gegeben. Von einem äussern Umsturz versprach er sich nichts, alles aber von der Bildung der Menschen und ihrem Aufwachen zu den Ideen, die den wahrhaft menschlichen Staat und die menschliche Gemeinschaft hervorbringen. Er erwartete, dass das Verkehrte in Hallers Staatslehre und in Rüttimanns Regime den Ideen vom menschengemässen Staat zum Opfer fallen würde. Dass es dazu komme, war ihm ein ernstes Anliegen.

Die Bittschrift von Troxlers Schülern

Es ist noch heute ein Genuss, diese Schrift zu lesen, welche nicht nur den Mut und Gerechtigkeitssinn der Jugend bezeugt, sondern auch ein Dokument darstellt für die Hochschätzung, deren sich Troxler als Lehrer erfreute. Wir geben einen besonders eindrücklichen Passus wörtlich wieder. Nachdem daran erinnert wurde, dass Troxler wie ein Straffälliger verstossen worden ist, obschon er kein Verbrechen begangen habe, heisst es: »Er , der uns jederzeit Gehorsam und Ehrfurcht gegen Gesetz und Obrigkeit mit der ihm eigenen Beredsamkeit einschärfte, er ward wie ein Aufruhrstifter verfolgt. Er, der uns so scharfsinnig und auf rührende Weise die erhabensten Begriffe von Gott, die tiefste Verehrung unserer heiligen Religion einflösste, ward nun von Blödsinnigen als Ketzer und Gottesleugner ausgeschrien. Er, uns vorleuchtend als ein Muster reiner Sittlichkeit, der uns zur Strenge alter und einheimischer Sitten zurückführte, wurde von Bösewichtern als ein Verführer der Jugend ausgerufen. Er, den die ganze gebildete Eidgenossenschaft, den selbst das Ausland als eine Zierde unseres Vaterlandes ansieht, gleicht nun in seinem eigenen Vaterlande einem Verbannten und Missetäter. Er, dem Deutschland ehrenvolle Lehrstellen antrug, die er aber aus Liebe zu seinem von ihm heiss geliebten Vaterlande und zu seiner ehrwürdigen Mutter ausschlug, ist nun von diesem Vaterlande verworfen und neuen Sorgen um Erhaltung seiner unschuldigen Kinder hingegeben, weil er das Unglück hatte, in seinen Grundsätzen des Staatsrechtes gegen Herrn Haller von Bern, nicht den Ansichten unserer hohen Regierung zu gefallen.«

Im Folgenden danken die Schüler ausdrücklich ihrem Lehrer für sein fruchtbares Wirken, weil sie sonst sich nicht als würdig ihres Lehrers vorkämen und protestieren dann gegen Gerüchte, wonach die Entlassung Troxlers durch öffentliche Ausschweifungen seiner Schüler bewirkt worden sei, und stellen fest, dass keine einzige Tatsache vorliege, die mit Ausschweifung zu tun haben könnte, und machen sich anheischig, ihr Betragen jederzeit vor irgendeiner Behörde rechtfertigen zu können.

Der Zweck der Bittschrift war, die Regierung zu bitten, ihnen diesen Lehrer zu erhalten, den sie nur zu grossem Nachteil für ihre Bildung entbehren müssten. Sie können sich überhaupt nicht vorstellen, ihn zu verlieren. Sie sprechen den Räten ihren grossen Wunsch aus, dereinst als Männer dem Kanton Luzern wertvolle Dienste leisten zu können. Das werde dann die Wirkung und Frucht von Troxlers Lehren sein und Zeugnis geben, was er dem Vaterlande noch hätte leisten können, das ihn verkannte und verstiess.

Die Schrift spricht in furchtloser Aufrichtigkeit die schmerzende Enttäuschung über die Regierungsmassnahme und beurteilt diese als eine Unmöglichkeit. Sie war unterschrieben von Ferdinand Curti, dem Präsidenten des Zofingervereins Luzern. Eine Kollektivbittschrift mit vielen Unterschriften wäre verboten gewesen. Sie hielten sich streng an die Vorschrift und Curti gab sich her, im Namen aller zu unterschreiben. Formell musste das Schreiben als von ihm allein ausgehend erscheinen. Die Abfassung war jedoch in gemeinsamer Arbeit und gemeinsamem Entschluss der ganzen Schülerschar zustande gekommen.

Die Schrift war Ende Dezember 1821 eingereicht worden. Am 5. Februar 1822 wurde sie im Grossen Rat verlesen und löste eine stürmische und lange Debatte aus, an deren Schluss die Abstimmung eine Mehrheit von 63 : 24 ergab, welche die Bittschrift an die Regierung zur Erledigung zurückwies. Das heisst, dass im Grossen Rat sich keine Mehrheit fand, die den Mut gehabt hätte, auf die Schrift einzutreten und ihr Anliegen zu untersuchen und eventuell gegen die Regierung zu vertreten. In der Grossratssitzung vom 18. Februar hielt Rüttimann eine scharfe Rede gegen die Bittschrift, offenbar, um die kommende Massnahme zu rechtfertigen. Curti wurde vor den Erziehungsrat zitiert, um von ihm eine Entschuldigung für das Einreichen der

Bittschrift zu verlangen, was erfreulicherweise nicht gelang. Jetzt nahm die Regierung die Gelegenheit wahr, ihren Machtwillen ein weiteres Mal zu demonstrieren. Sie schloss Curti mit sofortiger Wirkung vom Gymnasium aus und verbannte ihn gleichzeitig aus dem Kanton Luzern. Curtis Kostherr wurde polizeilich beauftragt, dafür zu sorgen, dass dieser Beschluss der »hohen Regierung« sogleich ausgeführt werde. Es war für Curti, der ein empfindsamer Charakter war, wie auch für seine Eltern ein brutaler Schlag. Bei seinen Mitschülern und im ganzen Freundeskreis entstand erneut eine starke Gärung. Eine grosse Sympathiewelle schlug Curti entgegen und machte sich Luft in einem Artikel in Zschokkes »Schweizer Boten« vom 28. März 1822, in dem sich die Mitschüler öffentlich mit Curti solidarisch erklärten und sich an der Eingabe der Schrift genauso schuldig bekannten wie Curti. Auch in diesem Artikel kommt die furchtlose Haltung zum Ausdruck: »Keiner von uns schämt sich des getanen Schrittes oder bereut ihn. Wir hätten alle gewünscht, wie in Gesinnung und Handlung so auch in Geschick und Leiden mit dem verbannten Curti vereint zu bleiben, denn aus unser aller tiefstem Gemüte und reifster Überlegung in Inhalt und Form ist die Bittschrift hervorgegangen. Da wir ohne unsere Schuld von seiner Seite getrennt wurden, so bringen wir ihm jetzt öffentlich als um unserer Willen gefallenes Opfer unsere Anerkennung dar und betrachten ihn jetzt mehr als je als den Edelsten unter uns. Wir alle beneiden Dich, Curti, um Dein Tun und Dein Leiden, das Dich allen Guten ehrenwert machen muss, dass nur Dir vergönnt war, für die gute Sache ans Licht zu treten.«

Einige der Studenten, die äusserlich unabhängig waren, verliessen freiwillig »ein Land, wo dem Jüngling eine ehrerbietige Bitte so teuer zu stehen kommt und einer für viele gestraft wird«.

Am 4. April 1822 schrieb Curti in einem Brief an Troxler: »Ich habe für die Sache der Menschheit gelitten und bin dadurch innerlich reifer und stärker geworden. Ich bleibe mir selbsten treu und Ihnen und meinem Streben und dem Vaterlande.«

Es kann hier erwähnt werden, dass Curti später Advokat wurde und eine bedeutende politische Laufbahn einschlug. Er war Grosser Rat in St. Gallen, Regierungsrat des Kts. St. Gallen und fünfmal dessen Präsident, gehörte zu den Kämpfern für die neue Bundesverfassung und war nachher St. Gallischer Ständerat und Nationalrat. Er galt jahrzehntelang als der führende liberale Politiker seines Kantons.

Am Neujahrstag 1822 gaben 36 Schüler vor Troxlers Haus ein Ständchen. Einer derselben J.R. Steiger, schrieb seinem Vater über dieses Ereignis:»Student Curti hielt inhaltschwer eine herrliche Rede. Troxler, tiefbewegt, antwortete. O, noch nie habe ich so sprechen gehört – in erschütterndem Tone. Ich sage nicht zu viel: wir weinten alle. Ich weinte auch mit, und ich schäme mich dieser Tränen nicht. O, es war ein Augenblick, in meinem ganzen Leben wohl der einzige dieser Art, der köstlichste.«

Einige Gedanken aus Curtis Ansprache verdienen wiedergegeben zu werden, da sie Troxlers Wirkung auf die Jugend charakterisieren:

»Wir lagen in Nacht und Schlaf versunken. Ich weiss nicht, womit wir die glückliche Fügung des Himmels verdient, wodurch Sie uns gegeben wurden. Ihre Rede von der Hoheit des Menschen, von der Einigkeit seines Wesens in sich selbst, von einem geistigen Leben, von Selbstbewusstsein, Selbstbestimmung, von Religion, Gott, Vaterland erschütterte wundersam wie eine heilige Mahnerstimme unsere Herzen und wir erwachten. Da war es Tag in uns. Durch Sie geschaffen lebte in uns eine hohe Welt von Wahrheit, Freiheit, Vaterland, Gott und herrliche Bilder einer besseren Zukunft.

Nun ist wieder schwärzeste Nacht eingekehrt. Aber wer einmal das Licht gesehen, wird mit der Finsternis niemals befriedigt sein. Sie haben uns gelehrt: der Mensch in hoher Selbstbestimmung entschlossen, wird niemals sich verlassen finden. Darum schwören wir Ihnen, nie zu vergessen die hohe Lehre: Anzustreben Veredelung und Aufschwung aller Kräfte des Menschen in seiner Einigkeit, anzustreben ein geistiges Leben, ein Gottesreich.

Wir wagen den Kampf mit Gut und Blut gegen die Feinde. Es kommt gewiss die Zeit, wo Ihre Idee ins Leben eintritt und siegen wird.«

Troxler sagte ihnen, es gehe nicht um seine Person, sondern um eine höhere Sache, für die jetzt in der ganzen Welt gekämpft werde, und er werde gegen alle Obrigkeiten für diese Sache einstehen.

Jakob Robert Steiger gehörte später zu den bedeutendsten Luzerner Liberalen. Er wurde Arzt, Regierungsrat, Redaktor, Tagsatzungsgesandter, Freischarenführer und 1848 erster Präsident des neuen schweizerischen Nationalrates.

Einer der treuesten Freunde Troxlers, J.L. Aebi, der als Schüler gerade nach Luzern kam, als Troxler abgesetzt wurde, berichtet uns, dass in jenen Tagen das Rütlilied »Von ferne sei herzlich gegrüsset« von Franz Joseph Greith, gedichtet von Joh. Georg Krauer, nach Luzern kam und von den Zofingern zum ersten Mal gesungen wurde. Es war die Zeit, als die wehmütige Stimmung wie ein Alp auf den Studenten lastete. Da habe das schöne Lied wie Balsam auf die jungen Gemüter gewirkt, denn es habe ihrer freiheitlichen Gesinnung und ihrem Protest gegen Troxlers Entlassung Ausdruck verliehen. Die beiden Schöpfer des Liedes waren Troxlers Freunde und Mitkämpfer. Als 1859 durch eine nationale Aktion der Schweizerjugend das Rütli gekauft und vor Überbauung und Verschandelung bewahrt wurde, wurde aus dem Überschuss der Sammlung auf Anregung Troxlers den beiden Liedschöpfern am Rande der Rütliwiese ein Gedenkstein errichtet.

Die Regierung von Luzern dachte keineswegs daran, auf die Entlassung Troxlers zurückzukommen oder sie gar rückgängig zu machen, wie es die Schüler wünschten. Im Schutze der aristokratischen Verfassung glaubte sie noch, die Gründe ihres Vorgehens geheimhalten zu können.

Doch sie täuschte sich. Troxlers Freunde griffen der politischen Entwicklung vor und veröffentlichten anfangs 1822 in einer »Nachschrift zu Fürst und Volk« eine vollständige geschichtliche Darstellung von Troxlers Entlassung mit Abdruck aller einschlägigen Dokumente, auch der Bittschrift der Studenten und des verleumderischen Artikels im Pariser »Drapeau blanc« mit entsprechenden Kommentaren, damit ein für allemal jedermann Kenntnis nehmen könne, mit welcher rücksichtslosen Willkür eine hohe Regierung von Luzern vorzugehen sich erlaubte. Die Herausgeber hoben den Widerspruch hervor zwischen der Behandlung der Schriften von Haller und von Troxler. Hallers »Restauration der Staatswissenschaft«, wurde nicht verboten und ihr Verfasser nicht entlassen. Troxlers Schrift vertritt Freiheit und Recht, Volkssouveränität und Verfassung, worauf die Existenz der Schweiz von ihrem Anfang an beruht. Diese Schrift wurde verboten und ihr Verfasser ohne Untersuchung entlassen.

Troxler sagte über die Verteidigungsschrift: »Vieles entzückte mich, zu sehr ward ich gelobt, meine Feinde zu sehr getadelt. Ich höre, dass sie in allen Teilen des Kantons verbreitet sei und mit grosser Gier gelesen werde und gewaltig starken Eindruck mache.«

Nach der Absetzung in Luzern

Seine Freunde Vock, Balthasar und Zschokke sowie andere in Luzern, standen Troxler bei, wo sie nur konnten. Seit seiner Absetzung war er erwerbslos. In seinem Heimatort Beromünster bestand die Möglichkeit, wieder als Arzt zu praktizieren. »Seit einigen Tagen bin ich hier, wohin mich die Krankheit meiner Schwägerin und der Wunsch meiner Mutter gezogen. Gleich bin ich wieder von einer Flut alter Kunden, die ihre Übel mir aufgespart zu haben schienen, überstürzt worden.« Aber nicht eine Rückkehr in die Arztpraxis war es, was er suchte, »obschon es oekonomisch betrachtet das beste wäre«.

In Basel hatten Lorenz Oken und Wilhelm Snell an der medizinischen Fakultät für Troxler eine Berufung in die Wege geleitet. Doch auch dies konnte ihn nicht befriedigen. Zwar war ihm sehr daran gelegen, Luzern zu verlassen, aber die Philosophie wollte er auf keinen Fall preisgeben. Seine Feinde in Luzern bewirkten in Basel, dass man nicht wagte, den politisch verschrienen Liberalen und Katholiken zu wählen. Das schmerzte ihn empfindlich: »Ich habe alles Vertrauen in Schweizerregierungen verloren. Ich bin fertig mit meinem Vaterland. Ich werde mich von jeder Art öffentlichen Wirkens zurückziehen, denn all mein Wirken schlägt nur in Leiden für mich und die Meinen um. Es wäre nicht auszustehen, hätte der Himmel mir nicht häusliche und wissenschaftliche Freuden beschieden.« Anfang 1822 war ihm der Sohn Theodat geboren worden, was ihm als Beweis göttlichen Segens und Grund zum Rückzug in die Stille des Hauses erschien, um sich in rein wissenschaftlichen Studien zu versenken und sich »nebenbei an Weib und Kind zu ergötzen«.

Mitten in die schwere Zeit fiel am 8. Mai 1822 ein Freudentag, als er in Schinznach in der Helvetischen Gesellschaft die Präsidial-rede halten durfte, war er doch zum Präsidenten des Jahres 1822 erkoren worden.

Wie eine Ruhepause im Getümmel des Kampfes, oder – wie Troxler selbst es sagte – wie ein Aufenthalt auf sonnigen Berges-höhen über niedrigem Gewölk, erschien ihm die Versammlung der Helvetischen Gesellschaft in Schinznach. Er sprach zum Thema »Was verloren ist, was zu gewinnen«. Hier stand er im Kreise gleichgesinnter Freunde, die alle der »heilige Gedanke des gemeinsamen Vaterlandes beseelt«, über die Schranken der Kon-fessionen und Kantonsgrenzen. Nur ganz kurz erinnerte Troxler eingangs an seine persönliche Lage, die ihm wie keinem seiner Vorfahren auf dem Präsidentenstuhl das Herz schwer mache, dann aber sprach er von nichts anderem als von den grossen Fragen der Zeit und des Vaterlandes.

Er bezeichnete die Zeitwelt als in einem trügerischen Frieden dösend. Im kommenden Sturm werde die Schweiz nur durch ihre eigene Kraft sich bewähren und behaupten können. Deshalb ist die Besinnung auf das, was uns not tut, eine Existenzfrage.

»Das Recht des Geistes und des freien Wortes wollen wir heute hier in diesem Verein ungeschmälert und unverkümmert geniessen als Keim der Wiedergeburt der Eidgenossenschaft in ein neues Leben, auch wenn er jetzt noch beengt und gelähmt erscheint«.

So wie die zwei klassischen Staaten der Antike, Griechenland und Rom, nur dadurch gross waren, dass in ihnen grosse geistige Ziele und moralische Tugenden die Führung hatten, so wird die Eidgenossenschaft zu neuer Kraft erstehen, wenn sie auf Ideen und Tugenden, wie sie der alten Eidgenossenschaft innewohnten, von neuem ihre Existenz baue. Es gelte, einen Staat zu schaffen, der sich aus dem Wesen des Menschen ableiten lasse und das Doppelgesicht des Menschen berücksichtige (einerseits ein sinn-lich äusseres und andererseits ein moralisch-geistiges).

Troxler gibt dann einen Abriss der Schweizergeschichte von den Anfängen bis zur Gegenwart, aber nicht als Historiker, son-dern als Mitwirkender, indem er streng unterscheidet zwischen der ursprünglichen Reinheit des eidgenössischen Impulses und dessen Entartung und schliesslichem Absterben von dem Moment an, als 1415 Untertanengebiete erobert wurden und 1481 statt einem neuen Bund aller Eidgenossen ein Bund der Kantonsregierungen geschaffen wurde und dann vom 16. Jahrhundert an die Eidgenossen ihr Blut und Leben an die europäischen Mächte als Söldner verschachert haben.

Die Frage »Worauf beruht das Wohl und die Wiedergeburt unseres Vaterlandes«, welche im Schosse der Helvetischen Gesellschaft die Gemüter erfüllte, beantwortete Troxler dahin: in der Wiedererweckung des eidgenössischen Wesens, das im Glauben an die allwaltende Gottheit, in einem neuen Freiheitssinn in jedem Einzelnen, in der Abwehr jeder menschlichen Anmassung, in der Gleichheit der Ansprüche und Rechte unter sich, in der Abwehr jeder fremden Einmischung, in der Verschmähung jeder Herrschaftsform bestehe. Daraus werde ein freies öffentliches Leben und ein neuer Bund aller Eidgenossen notwendig hervorgehen, denn in der Nationalkraft des Schweizervolkes liege die Begabung für Freiheit, Gerechtigkeit und brüderlicher Zusammenarbeit. Der Sinn der ersten »ewigen Bünde« liege darin, dass für immer in den Menschen die Kräfte geweckt werden, die das geheime Band der Zusammengehörigkeit der Menschen flechten können. Wenn alle Hindernisse eines freien öffentlichen Lebens in einem neuen Bund weggeschafft seien und ein freies sittliches Streben nach übersinnlichen Zwecken des Menschenlebens allgemein anerkannt sei, so werde die Existenz der Eidgenossenschaft garantiert sein. Im Glauben an den Durchbruch der hier beschriebenen Kräfte und an die Zukunft der Schweiz schliesst diese denkwürdige Rede.

Im Oktober 1822 kam Troxler für den Lehrstuhl für Philosophie an der Universität Freiburg i.B. in Frage. Es tat ihm wohl, zu erfahren, dass, während er »im kleineren und engeren Vaterland verfolgt und verkannt wurde, im grösseren, an dem immer sein Geist hing, edle und wissenschaftliche Männer an ihn dachten und ihm wohl wollten«. Die Nähe Freiburgs erleichterte ihm die Entscheidung, bei einer allfälligen Berufung zuzusagen. Bei den Seinigen in Beromünster gelang es ihm ebenfalls, die Bejahung für diese Veränderung zu erhalten. Er konnte zudem hoffen, dass sein Herzenswunsch, an der Bildung der vaterländischen Jugend mitzuwirken, auch in Freiburg in Erfüllung gehen könnte, indem diese vermehrt ihre Studien in Freiburg absolvieren würden. Die Sache beschäftigte ihn sehr. Es war das erste Mal in seinem Leben, dass er einem Ruf aus dem Ausland folgen wollte.

Troxler machte sich bereits grosse Hoffnungen und lebte in seiner Phantasie schon als Hochschullehrer in Freiburg, da er sich von einem Wirken in der Schweiz nichts mehr versprach.

Doch wurde von seinen Feinden in Luzern und höchstwahrscheinlich auch durch Polizeispione der Heiligen Allianz von Wien aus in Freiburg interveniert, indem seine Absetzung wegen der Schrift »Fürst und Volk« im Ministerium gemeldet und vor Troxler als dem gefährlichsten Schriftsteller der Schweiz gewarnt wurde. Der Mehrheitsvorschlag des akademischen Senats für die Wahl Troxlers vermochte, trotz der günstigen Stimme des damaligen Referenten für Universitätssachen im Ministerium nicht durchzudringen. Ein neuer schwerer Schlag für Troxler: »Ich weiss nicht, in welch einer Art von Betäubung ich seit einiger Zeit lebe, seit ich die unglückliche Gewissheit habe, dass die Urheber meines Unglücks mir auch die Bahn zu meinem Glück zerstört haben. So bin ich gleichsam politisch proscribiert und kann nicht zu einer neuen Anstellung kommen, bin mit Weib und Kindern, soweit es in der Macht der Erzschurken stund, unschuldig ins Unglück gestürzt und ist mir die Bahn zu meinem Glück verschlossen. Wenn die Leute ein Herz oder Gewissen hätten, müsste sie die böse Folge ihres ruchlosen Streiches selbst furchtbar ergreifen.«

Das war im Februar 1823.

Nachdem in Luzern wieder Ruhe herrschte, warf Troxler eine neue Brandfackel in die Stadt, die Schrift:

Luzerns Gymnasium und Lyzeum. Es war ein Strafgericht und eine gründliche Abrechnung mit seinen geistlichen Gegnern, die, wie er nun wusste, die Hauptschuld an seiner Absetzung trugen. Ihnen wollte er klaren Wein einschenken. Er stellte mit äusserster Schärfe aber genauer und lückenloser Schilderung die Vorgänge dar, wie sie in den Zwei Jahren seiner Mitarbeit an dieser Schule sich abgespielt hatten. Er nennt das Gymnasium-Lyzeum jetzt eine »Amortisationsanstalt für Geist und Leben« und eine »Musterschule von Verkehrtheit«, alles belegt mit Fakten. An chronikalischer Akribie und Gedächtniszuverlässigkeit war er ein Meister.

Die Schrift rief einen Sturm gegen Troxler hervor von Seiten der »Glaubensarmee und ihrem ganzen Tross«. Die Regierung hatte er ganz aus dem Spiel gelassen, da es jetzt gegen seine eigentlichen Feinde ging. Die Regierung bezeichnete er als »Geführte und Verführte«. Die Gymnasiumsschrift kam an einem Montagabend in 150 Exemplaren von Glarus, wo sie erschienen war, nach Luzern. Am Dienstag nachmittag war sie ausverkauft und nachher noch zweimal. Der ganze Kanton wurde überschwemmt. Die Schrift ist aber weit mehr als nur ein Pamphlet. Sie enthält eine interessante Geschichte der Schule und eine tiefgründige Pädagogik des Jugendalters. Ausserdem vertritt Troxler hier schon die Idee eines Schulwesens, das in Freiheit und Unabhängigkeit von Staat und Kirche sich ungehemmt nach seinen eigenen innern Bedingungen sich soll entwickeln können, auf heiligem, unverletzlichem Boden zwischen Staat und Kirche. Eine solche Schule muss öffentlich, d.h. zugänglich sein für alle Volksklassen, und nur ihrer Aufgabe verpflichtet, Menschen zu bilden im ganzen Umfang ihrer Möglichkeiten. – Dieses Schulkonzept entspricht übrigens jenem, das 100 Jahre später von Rudolf Steiner verwirklicht worden ist.

Die scharfe Sprache der Schrift begründet Troxler mit den Worten: »Ich habe hin und wieder kühn und stark gesprochen, aber geradeheraus, nicht rechts und nicht links schauend. Die kühnste Freimütigkeit war in dieser Lage notwendig, wenn die Dinge auf einem so hohen Grad verschraubt und verrückt sind und die Menschen von Taumel und Wut wie Nebel vom Winde sich hetzen lassen, dann darf und muss das Wort, das gehört werden soll, auch schärfer und eindringender als sonst gesprochen werden.«

In der allgemeinen Aufregung über die Schrift sprach man in Luzern von Einsperren, Ausweisen, Erschiessen, Verbrennen mitsamt der Schrift. »Es bangte meinen Freunden um mich. Mir nicht – ich habe die Luzerner Stürme kennen und verachten gelernt.«

120

Neun Professoren, geistliche Herren, fühlten sich von der Schrift beleidigt und erhoben gegen Troxler beim Gericht auf Grund von etwa 20 Stellen Beleidigungsklage. Die Klagepunkte beziehen sich auf die unverblümten Glossen Troxlers zu dem Protest der geistlichen Lehrer gegen die Schulreform.

Der Prozess verlief in zwei Phasen und war ein grosses Ereignis. Am 14. Juni 1823 war die Verhandlung vor dem Bezirksgericht. Auf den Vorwurf, er habe in seiner Schrift Injurien ausgesprochen, antwortete Troxler: »Ich habe nur Wahrheiten gesagt, und Wahrheiten sind nie Injurien.« Das Gericht fand Troxler schuldig der Beschimpfung und fällte das Urteil: Vor versammeltem Stadtgericht hat Troxler bei offener Türe zu Handen der Beteiligten eine förmliche, in Schrift verfasste und zu sprechende Abbitte zu tun, dazu 50.– Fr. Busse und Prozesskosten zu leisten. Troxler appelliert an das Obergericht. Es sprach ihn am 7. August 1823 von der Abbitte frei, hingegen verurteilte es ihn zu 60.– Fr. Busse und Prozesskosten. Drei Stimmen, gegen acht, wollten ihn von allem freisprechen. Troxler hatte in fast dreistündiger Rede vor einem zahlreichen Publikum aus Stadt und Land in minutiöser Tatsachenschilderung alle seine Aussagen begründet. Die Busse und die Kosten wurden sogleich von Freunden aus verschiedenen Kantonen bezahlt und dem Sieger ein Siegeskranz gestiftet.

Das Publikum freute sich unsäglich über das Urteil, allen voran natürlich Troxler: »Ich habe gesiegt, oder vielmehr meine gerechte Sache und mein Mut. Drei ganze Stunden habe ich gesprochen, kühner als je. Meine Rede machte ungemeinen Eindruck und entschied.«

»Die Wahrheit macht nicht nur frei, sie macht auch kühn«, ist einer der vielen Aphorismen in Troxlers Nachlass.

Das war der letzte Akt des Luzerner Dramas. Er war begleitet von heftigen politischen Auseinandersetzungen, die nicht nur das Gymnasium betrafen. Es war das Jahr, als auf der Tagsatzung das berüchtigte Presse- und Fremdenkonklusum beschlossen wurde, ein Dokument der Schmach und Demütigung der Schweiz, welches sie zu einer Polizeiprovinz der Grossmächte machte. Es dokumentiert aber auch die Schwäche und Unterwürfigkeit der damaligen Tagsatzungsherren vor den Zumutungen des Auslandes. Diese politische Situation veranlasste Troxler zu folgenden Worten: »Die Habsucht, Anmassung und Schamlosigkeit der aristokratischen Geschlechter und ihren Nebenzweigen geht über alle Vorstellung. Dazu die Verdorbenheit und Restaurationssucht unserer Pfaffen, dann der beispiellose Pressezwang, der auf jeden freien Laut den Tod der Schrift und die Verfolgung des Schriftstellers setzt. Überall sind die Perücken wieder oben, durch das Ultra-Wesen des Auslandes getragen und gestärkt. In mir wird es immer klarer – von Grund aus muss die Schweiz revolutioniert werden, oder sie wird das ärgste Zwing-Uri von ganz Europa.«

Die Agenten der Heiligen Allianz beaufsichtigten die Schweiz an Ort und Stelle. Über Troxler meldete einer von ihnen nach Wien: »Troxler ist vielleicht der gefährlichste aller Schriftsteller der Schweiz. Durch die Schrift »Fürst und Volk« hat er sich sattsam beurkundet. Es sind über 2000 Exemplare im Umlauf. Seine Absetzung hat in der Schweiz ein gewaltiges Aufsehen erregt. Er wird als Märtyrer des jetzt *in Europa herrschen sollenden Despotismus* betrachtet. Er wird wie ein Gott angebetet, beispiellos ist der Enthusiasmus für diesen Mann.«

Einmal mehr wird hier der Zusammenhang von Troxlers Absetzung mit dem nicht nur »herrschen sollenden«, sondern tatsächlich herrschenden Despotismus offenbar. Warum wohl erhielt Rüttimann in jenen Tagen einen Orden als Offizier der französischen »Legion d'honneur«? Warum wollte man keine Untersuchung der Troxler'schen Sache? – Die Hintergründe durften eben nicht an den Tag kommen. Warum genoss Haller in den Herrscherkreisen das grosse Ansehen? – Er rechtfertigte mit seinen Anschauungen ihre Praxis, dass die Politik nicht Angelegenheit der Völker sei, sondern Privatsache der Herrscher.

Zum Abschied von Luzern wurde Troxler von Schülern und Freunden mit einer Denkmünze geehrt, mit seinem Bild und dem Spruch:Die göttlich reinste Harmonie

Sie fehlt im Schweizerlande nie,
Für Ignaz Troxler nur allein
Soll jedes Herz gestimmt sein.

Im Jahr 1825 folgte eine neue Ehrung: Seine Studenten schenkten ihm eine Goldmedaille.

In einem Brief aus jener Zeit schrieb Troxler: »Ich finde mich zu sehr geliebt und gehasst, um eigentlich unglücklich zu sein. Freunde und Feinde übertreibens mit mir«.

– Medaillon aus dem Jahr 1825, Durchmesser 54 Millimeter

Troxler am Lehrverein Aarau 1823-1830

Dieses originelle, in der damaligen Schweiz einzig dastehende Bildungsinstitut war 1819 auf Anregung Zschokkes durch die Aargauische »Gesellschaft für vaterländische Kultur« ins Leben gerufen worden. Ein kleiner Vorstand leitete das Ganze, während Zschokke als Hauptlehrer mit einer Gruppe von Mitarbeitern die innere Leitung hatte. Es sollte jungen Männern des Kantons Aargau vom 18. Altersjahr an Gelegenheit geben, sich vielseitig weiterzubilden, um nachher anspruchsvolle Berufe und öffentliche Ämter übernehmen zu können. Zuerst wurden nur Kurse im Wintersemester durchgeführt.

Nach einem verheissungsvollen Anfang ging die Schülerzahl in den ersten vier Jahren seines Bestehens ständig zurück, und 1823 stand die Frage der Weiterführung zur Diskussion. Jetzt kam Troxler hinzu und behob die Krise. Er übernahm die administrative und pädagogische Leitung; von da an trug die Schule das Gepräge seines Geistes. Zschokke hatte einen guten Griff getan. In seiner Grosszügigkeit liess er Troxler gewähren und blieb weiterhin neben ihm einer der Hauptträger des Unterrichts, zusammen mit einer ganzen Anzahl von Berufsleuten, die ohne Entgelt aus Begeisterung für die Jugendbildung ihr Wissen und Können zur Verfügung stellten. Troxler führte sogleich grundlegende Neuerungen ein: Die Kurse dauerten jetzt das ganze Jahr und wurden geöffnet für Schüler aus der ganzen Schweiz. Auch Ausländer wurden aufgenommen. Dann erweiterte er den Kreis der Fächer. Für alle Schüler obligatorisch führte er als Grundlage der Menschenbildung Anthropologie, Logik und Geschichte der Philosophie ein. Der Unterricht bekam einen stärkeren wissenschaftlichen Charakter und sollte zum Besuch einer Hochschule vorbereiten. Neben Troxlers Grundfächern gab es Kurse in deutscher Sprache mit mündlichen Vortragsübungen, Mathematik, Algebra und Geometrie, Rechtswissenschaft, Alte Sprachen und moderne Sprachen (Französisch, Englisch, Italienisch) Physikalische Geographie, alle Naturwissenschaften, Zeichnen, Musik, Fechten und Tanz. Mit der Zahl der Fächer stieg auch die Zahl der Lehrkräfte und ebenfalls die Zahl der Schüler. Vom Luzerner Lyzeum waren eine Anzahl Troxler nach Aarau gefolgt. Zur Eröffnung jedes Winterkurses gab der Lehrverein eine Anzeige heraus mit einer Orientierung über die Aufgabe der Schule und über Organisatorisches. Auch hier schuf Troxler etwas Neues. Er behielt die Anzeigen bei, ergänzte sie aber mit einer bedeutenden Abhandlung über ein aktuelles Thema der Pädagogik oder des Erziehungswesens. Wir verdanken Troxler im Ganzen sechs solcher Abhandlungen, alle aus seiner eigenen Schultätigkeit herausgewachsen, die noch heute ansprechen können. Wir greifen nur heraus, wie Troxler das Verhältnis des Kindes zum Lehrer darstellt, welches nicht mit den beiden Worten Befehlen-Gehorchen oder Vormachen-Nachmachen umschrieben werden könne. Es gleicht demjenigen zwischen Kindern und Eltern, ist aber noch etwas Besonderes. Troxler beschreibt es folgendermassen:

»Das höchste Opfer bringt der Mensch, der sich selbst einem andern zum Erziehen übergibt, nämlich sich selbst mit all seinen Gaben und mit seiner ganzen Zukunft. Er darf daher fordern, dass er sich selbst wiedergegeben werde durch den Erzieher, ja die Bedingung der scheinbaren Selbstentäusserung ist eben nur, dass er sich selbst mächtiger und sich eigener werden, und desto sicherer und glücklicher seine ursprüngliche Naturbestimmung erreichen und seinen freien Zwecken leben könne. Ganz unfrei ist das Kind, das erzogen wird. Es hat dabei ein Anrecht, in den Stand gesetzt zu werden, die in ihm liegende Bestimmung aus der Kraft seiner Individualität dereinst erfüllen zu können, ohne durch Schwäche oder Missbildung, ohne durch die Übermacht der äusseren Verhältnisse daran gehindert zu werden. Aus der Unfreiheit und Abhängigkeit soll das Kind durch die Erziehung in den Stand des ungehinderten Gebrauchs seiner Individual-

125

kräfte gesetzt werden, indem es sich von innen her die Freiheit erschaffen kann. Die Erziehung soll also nicht gebenund nicht nehmen, sondern nur den Menschen auf seine wahre Natur zurückführen. Zwischen Erzieher und Zögling besteht demnach der höchste heilige Vertrag, der unter Menschen abgeschlossen werden kannund der auch nur den tiefen Absichten der Natur gemäss abgeschlossen werden kann. Wer daher die Erziehung eines Menschen übernimmt, der tritt in ein ganz anderes Verhältnis zu ihm als das eines Herrn zum Knecht oder des Regenten zum Untertan.«

Ein Zentralpunkt wird von Troxler hervorgehoben, wo er über die Freiheit des Schul- und Erziehungswesens spricht und nachweist, dass eine menschengemässe Erziehung und das heisst die bestmögliche Erziehung nur da gedeihen kann, wo dem Geist ungestörte Selbstentwicklung gewährt wird. »Frei ist aber die Erziehung, welche in allem rein menschliche Bildung anstrebt und in diesem Streben durch Aussenverhältnisse kein Hindernis erleidet noch erduldet.« Das ist einer der Kernsätze Troxlers, mit dem er ein zukünftiges Erziehungswesen anvisiert, das er im Lehrverein als erstes Probestück verwirklicht hat, und in dem er mit Pestalozzi übereinstimmte.

Neben Pestalozzis Institut in Yverdon (1805-1825) und Fellenbergs Erziehungsstaat in Hofwil (1799-1844) war der Lehrverein Aarau das dritte Unternehmen in der Schweiz, welches die Menschenbildung auf der Grundlage der Erkenntnis des Menschenwesens betrieb. Auf diesen pädagogischen Impulsen, die weltweit beachtet wurden, beruhte das Ansehen der Schweiz in der ersten Hälfte des 19. Jahrhunderts. Die Persönlichkeiten Pestalozzi, Fellenberg, Troxler, Pater Girard und Zschokke machten die Menschenbildung als Zentralproblem der Menschheit bewusst, wie es aus der Not der Zeit zum Bedürfnis geworden war nach dem Scheitern der berechtigten Forderungen der Revolution. In ihnen allen lebte die Überzeugung, dass der Mensch nur durch eine ihm wesensgemässe Erziehung zu seiner Menschlichkeit emporgebildet werden könne, ohne die eine Sozialordnung in Freiheit, Gleichheit und Brüderlichkeit nicht möglich sei.

Der Lehrverein Aarau erwies sich als Impuls, der kräftig dazu beitrug, dass in der Schweiz die politische Regeneration der Kantone und des Bundes möglich wurde und die Freiheitsbewegung sich Bahn brechen konnte. Eine grosse Zahl ehemaliger Schüler des Lehrvereins waren leitend tätig in der Volksbewegung für die demokratische Staatsform der Dreissiger Jahre. Eine Elite späterer Politiker wurde herangebildet und auf ihre Aufgabe vorbereitet. Die Ausstrahlung des Lehrvereins ging aber in alle Gebiete des sozialen Lebens über. Im Schulwesen, in der öffentlichen Gemeinnützigkeit, im Kirchendienst, in der Presse und Medizin waren ehemalige Lehrgenossen als treibende Kräfte der Entwicklung tätig. Diese Schule war eine Pflanzstätte der liberalen Weltanschauung und wirkte wie ein Magnet auf die jungen Menschen. Aus 16 der 22 Kantone und aus mehreren ausländischen Staaten waren sie gekommen.

Wie in Luzern übte Troxler auch in Aarau auf die junge Generation einen eigenen Zauber aus. Er wird als liebevoller, guter, freundlicher Lehrer geschildert, den alle seine Schüler liebten. Sein Vortrag sei schön, aber im Anfang für die 70 Hörer so hoch gewesen, dass sie nachher »kein Wort mehr wussten«. Troxler beschwichtigte sie: »Es macht nichts, wenn ihr nicht alles sogleich versteht, es wird nach und nach schon kommen«; denn er wusste gut, dass es nicht auf ein Wissen ankam, sondern auf die Denktätigkeit und das Vertrauen in die Kraft und Sicherheit derselben in jeder Menschenseele.

Die Schüler nannten sich »Lehrgenossen«, in Anlehnung an das eidgenössische Wesen, das als ein freier Zusammenschluss auf moralisch-religiösen Grundsätzen zu verstehen ist. Musterhaftes sittliches und anständiges Betragen und strenge Disziplin wurden angestrebt, aber nicht in Form von Vorschriften, sondern durch die Mitarbeit der Schüler selber. Ein Ehrengericht trat zusammen zur Schlichtung von Unstimmigkeiten. Dieses Ehrengericht wurde in demokratischer Weise periodisch durch geheimes Stimmenmehr erneuert oder bestätigt.

Der Lehrverein hatte auch Kontakt mit der Kantonsschule, indem einzelne Lehrer an beiden Schulen unterrichteten und reifere Schüler der obersten Klasse auch Vorlesungen des Lehrvereins besuchten. Troxler war eine Zeitlang selbst an der Kantonsschule tätig. Infolge des verschiedenen Charakters der beiden Schulen entstanden aber auch Rivalitäten. Ausserdem gerieten Zschokke und Troxler mit der Regierung immer mehr in Opposition. Trotzdem wurde der Lehrverein geduldet. Mit Troxlers Weggang nach Basel wurde er aufgelöst. Er hatte seine tragende Kraft verloren und eine wichtige Mission erfüllt.

Aus Troxlers Lehrtätigkeit ging die Initiative zur Gründung einer neuen Zeitschrift unter dem Namen »Europäische Blätter« hervor, erschienen 1824/25. Die Zeitschrift sollte das Neueste und Wichtigste aus der deutschen, französischen, englischen und zuweilen italienischen und nordamerikanischen Literatur besprechen und beurteilen. Als Mitarbeiter wirkten der Kantonsschullehrer Rauchenstein und mehrere deutsche Flüchtlinge, die am Lehrverein unterrichteten. Die Zeitschrift hatte Schwierigkeiten mit der Zensur und mit der Regierung bei der Errichtung einer Druckerei in Oberentfelden. Wegen Wegzug von Mitarbeitern musste sie nach einem Jahr das Erscheinen einstellen.

Im Überblick über Troxlers Leben können die sieben Aarauerjahre 1823-1830 zu den glücklichsten gezählt werden. Was sich in Luzern unter schmerzlichen Umständen zerschlagen hatte, erfüllte sich im Lehrverein Aarau. Troxler hatte grosse Erfolge als Lehrer, Arzt, Schriftsteller, Freund und Zeitungskorrespondent. Während die Freundschaft mit Vock und Rauchenstein in jener Zeit erlosch, weil sie den politischen Kurs Troxlers immer weniger mitmachen konnten, gewann er in dem freigesinnten katholischen Priester Federer und im Komponisten des Rütliliedes Greith zwei neue Freunde, denen er zeitlebens verbunden blieb. Letzterer wurde durch Troxler als Musiklehrer nach Aarau gezogen. Über den Aarauerjahren schien ein dermassen friedliches Licht, dass sich Troxler 1826 entschloss, sich hier dauernd niederzulassen und ein Haus mit Umschwung am jenseitigen Aareufer käuflich zu erwerben, die Aarmatte. Die Jahre am Lehrverein bilden selbst eine Art Mitte seines Lebens. Es sind die Jahre vom 43.-50. Lebensjahr. Zählt man die ersten 7 Jahre der Kindheit als Vorbereitung auf das bewusste Leben, das bei Troxler mit dem Tod des Vaters begann, so entsteht eine

Symmetrie mit den 7 Aarauerjahren als Mittelachse und je 36 Jahren vorher und nachher.

Troxler wurde einmal einer der grössten Geister, die die Schweiz je hervorgebracht hat, genannt. Dem können wir nur zustimmen. Er war geistig ein Riese. Er war es aber auch in der Arbeitsleistung. Freunde staunten immer wieder, welch ausserordentliche Arbeitslast der Unermüdliche z.B. in den Aarauerjahren zu tragen vermochte. Eine Zeitlang hatte er ein zweifaches Lehramt zu betreuen, eines am Lehrverein, das andere an der Kantonsschule, wo er für den erkrankten deutschen Emigranten Adolf Follen an mehreren Klassen für den Unterricht in deutscher Sprache und Literatur stellvertretungsweise gewählt wurde. Dazu kam die Arztpraxis, die er im Grunde hasste. Aber er wurde bald wieder als einer der ersten Praktiker erkannt. Man rief ihn zu Kranken bis ins luzernische und und solothurnische Gebiet. Mitte Februar 1827 stand er am Sterbelager Pestalozzis in Brugg, um das kostbare Leben zu retten.

Im Jahre 1828 erkrankte seine Mutter schwer. Sogleich war er bereit zu Pferd nach Beromünster zu eilen. Wie konnte er anders. Die Dankbarkeit und Verehrung für seine Mutter war lebendig in ihm wie ehedem. Er schrieb an Balthasar: »Soeben komme ich von Münster zurück, wo ich morgen – o, wie bangt mein Herz – wieder hinreise. Denken Sie sich oder fühlen Sie sich in meine Lage. O, Balthasar, kein Vater, kein Sohn sollte Arzt sein. Das ist zuviel für einen Menschen. Verzeihen Sie, ich bin wie vernichtet, nur ein Schrei geht jetzt durch alle meine Briefe.«

Später kann er melden: »In der Praxis hatte ich das grosse Glück, diesen Sommer meiner guten alten Mutter das Leben zu retten. Das hat mich mit der heillosen Heilkunst wieder in etwa versöhnt. Sie wissen, warum ich meine Kunst so schalt.« (Verlust mehrerer Kinder).

Zschokke schrieb 1826 an Ernst Münch über Troxler: »Er ist mit Praxis in Aarau nicht nur beladen, sondern überladen. Er hat in der Stadt mehrere glückliche Kuren gemacht. Dies gab ihm allgemeinen Ruf. Er geniesst die allgemeinste Hochachtung.«

1827 gab Troxler das Präsidium des Lehrvereins wieder an Zschokke zurück, blieb aber selbstverständlich als Hauptlehrer weiterhin tätig. Aber er musste für seine neue Schriftstellerarbeit Zeit frei bekommen. Er arbeitete jetzt an zwei gewichtigen philosophischen und erkenntnistheoretischen Werken:

1. *Naturlehre des menschlichen Erkennens oder Metaphysik*
2. *Logik, die Wissenschaft des Denkens und Kritik aller Erkenntnis.*

Es war die Fortführung und Vertiefung seiner Grundideen über das Menschenwesen, die er schon 1812 in den »Blicken«, dann 1820 in der Philosophischen Rechtslehre entwickelt und, wie er selbst sagt, auch seinen mündlichen Vorträgen in Luzern und Aarau zu Grunde gelegt hatte. Immer waren es Vorstufen und Teilaspekte des Umfassenden, das ihm als neue Anthropologie vorschwebte. Ab 1822 beschäftigte er sich mit dem Plan zu den beiden nun in Aarau entstehenden Werken: »Ich werde meine Anthropologie schreiben, denn wir haben noch keine, und wenn eins, so ist dies mein Gebiet. Ich fühle mich immer stärker in der Lösung meiner grossen Aufgabe. Ich denke aus einem ganz eigenen Gesichtspunkte, der höher steht, als alle mir bekannten und der die Hoffnung in sich birgt, die erste wirkliche vollständige Physiologie des Menschen zu geben. Ich erliege fast unter der Masse von gesammeltem Material. So will ich nun das Flügelpferd besteigen.« In unablässigem Studium und kritischer Auseinandersetzung mit der ganzen Literatur zum Thema hat er mit der Feder in der Hand jeweilen die Bücher gelesen und ganze Schubladen voll Exzerpte, verwoben mit eigenen Ausführungen türmten sich ihm auf, »sodass mich bald mein eigener Arbeitshaufe schreckt«, wie es in einem Brief vom Sommer 1822 heisst.

Sein neues Werk »Die Logik« erfüllte ihn mit besonderer Befriedigung: »Wie ich mir schmeichle, ist mir in meiner Logik eine eigene neue Schöpfung gelungen. Das macht mich oft selig. Ich bin noch mit keiner meiner Schriften so zufrieden wie mit dieser. Ich las letzthin, um über die Schreibart ein Urteil zu hören, Zschokke einen Abschnitt vor; er bezeugte mir aufrichtigen Beifall, der Darstellung wegen, und er ist darin kompetenter Richter und nicht leicht zu befriedigen. Die Schrift greift wahrscheinlich in meine Zukunft ein.«

Professor für Philosophie
an der Universität Basel

Troxler widmete den 3. Band der Logik der Universität Freiburg i.Br., um damit einen kleinen Dank abzustatten dafür, dass sie ihn »in einem der bedrängnisvollsten Abschnitte seines Lebens« einmütig zum Professor der Philosophie vorgeschlagen hatte. Er konnte jetzt diesen Dank ohne Bitternis aussprechen, da seine Vermutung, die »Logik« werde wahrscheinlich in seine Zukunft eingreifen, bald in Erfüllung gehen sollte. Anfangs 1830 wurde er überraschend zum ordentlichen Professor der Philosophie an die Universität Basel gewählt, der damals einzigen Universität in der deutschen Schweiz. Damit stieg sein Leben nicht nur äusserlich zur höchsten Stufe empor, die ihm je vorgeschwebt war, schrieb er doch in jenen Tagen seinem Freund Balthasar: »O, dass mir vergönnt wäre, meinen Trieb nach Studium, meinen Durst nach einem freien wissenschaftlichen Leben zu stillen.« Die Wahl nach Basel erfüllte ihn jetzt mit einem nie erlebten Hochgefühl und mit neuen weitreichenden Plänen. Entsprechend waren auch die Umstände seiner Wahl und seines Einzugs in Basel. Troxler schreibt darüber an Balthasar:

»Wie wunderbar fügte sich nicht diese neue Wendung meines Lebens! Schon lange zwar, gleich nach meiner Verstossung in Luzern, hegten einige Lehrer dortiger Hochschule den Gedanken, mich nach Basel zu ziehen. Der Plan scheiterte an den Pietisten, welche nichts von der Anstellung eines Katholiken wissen wollten. Veranlasst durch meine »Logik« fassten einige Lehrer und Studierende die Idee mit neuer Lebhaftigkeit und beschlossen, den Rektor Prof. Snell zur Durchsetzung zu benutzen. (Snell war ein Freund Troxlers) Sie fingen an, die Behörden zu bearbeiten. Auch Herr Dewette (Professor der Theologie) erglühte wahrhaft für mich und las in den Sitzungen Stellen aus meiner »Logik« vor, um die Geister für mich zu stimmen. Wie vom Sturme ward nun die Sache getrieben. Briefe von allen Seiten kamen mir zu, dass ich kaum Zeit fand, zu antworten, und als ich erst in den Vorbereitungen der Unterhandlung zu stehen glaubte, wurde ich mit Knall und Fall zum Professor vorgeschlagen und gewählt.«

Diese Berufung rief bei den Studierenden, unter denen auch solche vom Lehrverein waren, eine hohe Welle der Begeisterung hervor. An einem Samstagmorgen kam der Vorschlag der einstimmigen Fakultät vor den Rat, und Troxler, in höchster Spannung, erwartete den Bericht frühestens am Montag. Aber schon am gleichen Samstag gegen Abend fuhr vor Troxlers Haus in Aarau plötzlich ein grosser Familienwagen mit 5 Pferden bespannt dicht beladen mit Jungvolk in gestrecktem Trab vorbei. Kurz darauf erklangen Glockentöne, dann Gesang von unten in sein Zimmer herauf, wo Troxler im Gespräch mit einem seiner unzähligen Besuche begriffen war. Er eilt hinunter und sieht sich bald umringt von einer Schar junger, ihm fremder Leute, bis er dann entdeckt, dass einer seiner Zöglinge vom Lehrverein unter ihnen war, den er in Basel wusste. Jetzt war es klar, was sie vorhatten. In herzlicher Verehrung beglückwünschten sie ihren neuen Lehrer zu seiner Wahl an die Basler Hochschule, von Troxler ins Haus geladen und bewirtet. Überrascht und sich kaum fassend hielt er ihnen aus dem Stegreif eine kleine Ansprache, welche diese Jungen nur noch höher stimmte und das Händeschütteln wollte fast nicht enden.

»Es war ein Lebensaugenblick, der jenem von Luzern vor 7 Jahren glich, da mir auch die begeisterte Jugend nach meiner Freisprechung den schönen Kranz brachte. Doch war in diesem Moment mein Stand noch höher und meine Freude reiner«, schrieb er an Balthasar.

Troxlers Einzug in Basel, einige Monate später, gestaltete sich zu einem wahren Triumphzug. Schon von Stein und Rheinfelden an hatte er ein glänzendes Geleit von Studierenden im Wagen und zu Pferd, das sich so lustig ausnahm, dass sein kleiner

Sohn dazu bemerkte, er wolle auch Professor werden. In Basel waren hernach zahlreiche Besuche und Festlichkeiten zu absolvieren, was zusammen mit den Sorgen des Umzugs und der Erledigung seiner Aarauerpraxis ein Übermass von Belastung brachte. Das Wichtigste war die Vorbereitung auf die Vorlesungen und die exponierte Antrittsvorlesung. Er nahm diese Arbeit, wie gewohnt, äusserst ernst. Sie war für ihn nur der Auftakt zu neuen grossen Unternehmungen, trug er doch in der Tasche den kühnen Plan mit sich, die Basler Hochschule in eine Gesamthochschule der Schweiz umzuwandeln.

Am 1. Juni 1830 hielt der Gefeierte unter dem Rektorat seines politischen Freundes Wilhelm Snell die Antrittsrede »*Über Philosophie – Prinzip, Natur und Studium derselben*«, im ungewohnt vollbesetzten akademischen Saal vor 200 Zuhörern. Studenten aller Fakultäten, Professoren und Lehrer aus der Stadt und weiteres Publikum waren gekommen. Der Eindruck war günstig. Auch der kritische Alexandre Vinet, der damals Dozent für französische Literatur am Pädagogium und an der Hochschule war, fand anerkennende Worte: »Troxler hat seine Antrittsrede schön, tief und religiös gehalten. Seine Anmut und sein Ernst haben überrascht, und die Studenten drängen sich in seine Lektionen.« So waren für ein segensreiches Wirken in Basel alle Voraussetzungen vorhanden.

Mit seinem Kommen verband man grosse Erwartungen. Der Lehrstuhl für Philosophie stand jahrelang im Provisorium. Missglückte Versuche zur Gewinnung von Dozenten für verschiedene vakante Lehrstühle sowie die geringe Frequenz der Hochschule durch Studenten verursachten eine schleichende Krise. Mit der Wahl Troxlers hoffte man nicht nur eine Dauerlösung gefunden zu haben, sondern versprach sich in ihm einen zügigen, die Studenten anlockenden Dozenten zu gewinnen und damit der Universität einen neuen Aufschwung zu verschaffen, da Troxler wie kein zweiter in der Schweiz die Jugend hinzureissen und zum Studium zu entzünden vermochte. Mit politisch Verfolgten, zu denen auch Troxler zu zählen war, hatte man in Basel gute Erfahrungen gemacht.

Sein erstes Auftreten gab den grossen Erwartungen durchaus

recht. Die allgemeine Wertschätzung, die Troxler genoss, kam zum Ausdruck, als er im Dezember 1830 zum Rektor der Universität für das Jahr 1831 gewählt wurde. Diese Wahl war eigentlich erstaunlich, denn die Unruhen auf dem Land zur Erlangung der Rechtsgleichheit von Stadt und Land und zur Schaffung einer neuen Verfassung liberaler Rechtsanschauungen hatten ja schon im Herbst begonnen. Man kannte Troxlers liberale Anschauung. Hatte man das geflissentlich übersehen oder war die akademische Begeisterung für Troxler so stark? Die Wahl zum Rektor wurden jedenfalls von den Studenten, deren Zahl sich im Laufe des Jahres 1830 erheblich vermehrt hatte, mit Fackelzug und Gesang vor Troxlers Haus zu Sylvester 1830 gefeiert. Troxler antwortete der Huldigungsrede eines Studenten mit einer von wahrer Begeisterung getragenen Ansprache. In kräftigen Zügen schilderte er das seltene Glück, frei in der Ideenwelt leben zu können und zeigte, dass das Vaterland vorzüglich der Entwicklung geistiger Kräfte bedürfe. Er liess deutlich sein Missfallen darüber durchblicken, dass die Universität schon allzusehr von der Unruhe der Zeit sich habe ergreifen lassen, statt dass das Dasein und Tun der Studenten an der Hochschule den Studien und der Wissenschaft als leitenden Prinzipien des Lebens und der Welt gewidmet seien.

Seit Jahrhunderten war Troxler der erste nicht aus Basel stammende Schweizer, der zur Rektorwürde gelangte. Dass er mit dem Projekt einer Gesamthochschule der Schweiz nach Basel kam und somit der hiesigen Hochschule eine neue Aufgabe zuweisen wollte, steigerte den historischen Moment seines Auftretens daselbst. In einem 170-seitigen Buch *»Die Gesamthochschule der Schweiz und die Universität Basel«*, erschienen im Frühling 1830, stellte er die Idee vor. Es ging ihm dabei um die geistige Selbständigkeit und Unabhängigkeit der Schweiz. Diese wird, wie Troxler ausführt, ohne eigene Universität nicht möglich sein. Denn jedes Volk hat eine ihm eigentümliche Geistesrichtung, und diese muss sich offenbaren können und muss gepflegt werden in der Sammlung seiner bedeutendsten Kräfte in einer Hochschule. Dass in einer solchen schweizerischen Gesamthochschule, die es bisher nicht gab und die von Troxler als Notwendigkeit hingestellt wurde, eine Begegnung und gegenseitige Befruchtung der drei grossen Kulturen Deutschlands, Frankreichs und Italiens möglich geworden wäre, liess eine einmalige Chance aufleuchten. Die Art und Weise, wie Troxlers Elan in Basel innert weniger Monate vernichtet wurde, ist erschütternd und tragisch.

Dass Troxler zur Zeit der Volksbewegung für die Rechtsgleichheit aller Bürger nach Basel kam, war nicht seine Schuld. Ebensowenig kann man ihm anlasten, dass die Stadt nur ungenügende Konzessionen machen wollte an die demokratischen Forderungen des Landvolkes. Mit der Renitenz der Stadt wuchs naturgemäss die Aufregung des Landvolkes. Aber dessen Forderungen waren keine andern als jenige, welche schon in 9 Kantonen zum Durchbruch gekommen waren – eben schickte sich auch Bern als 10. Kanton zur grundlegenden Reform an – nämlich: Verfassungsrevision durch einen vom Volk gewählten Verfassungsrat, Trennung der Gewalten, Aufhebung der Vorrechte der Stadt, Abschaffung der Zensur und Einführung der verschiedenen, heute selbstverständlichen Freiheitsrechte des Bürgers. All diese Anliegen hatte Troxler in Wort und Schrift schon seit 1814 vertreten.

Die Absetzung des absolutistischen Herrschers Karl X. in Frankreich, der die Verfassung verletzt hatte, wurde in der liberalen Schweiz stürmisch begrüsst. Besonders tat sich Troxler hervor, indem er in der Appenzeller Zeitung seiner Freude über den Umsturz in Frankreich Ausdruck gab: »Das Jahr 1814 ist vorüber, und was damals ging, geht jetzt nicht mehr. Wir sind um 16 Jahre älter und um manche Erfahrung reicher, wir zählen 1830, Mitternacht ist vorbei, der Tag bricht an. Ich zweifle keinen Augenblick, dass nun das Eis gebrochen und der Sieg des Jahrhunderts entschieden ist.«

In Basel aber zeichnete sich immer deutlicher eine feindliche Haltung der Stadt gegenüber der Freiheitsbewegung des Landes ab. Die Tore, das Zeughaus, das Rathaus wurden militärisch bewacht wegen dem Gerücht eines Aufmarsches der Landschäftler. Als eine Landsgemeinde in Liestal die sofortige Wahl eines Verfassungsrates und eine gleichmässige Verteilung der Grossratssitze verlangte, rüstete die Stadt. Eine Militärkommission wurde eingesetzt und alles Leben in der Stadt ihrer Kontrolle unterstellt, eine Bürgergarde wurde mobilisiert, freiwillig sich meldende Studenten wurden bewaffnet und am 16. Januar 1831 wurde die als Insurrektion diskriminierte Volksbewegung militärisch niedergeschlagen. Ihre Führer mussten flüchten. Das war der Anfang der grotesken Situation, dass eine Schweizer Stadt sich gegen die demokratische Entwicklung stemmte und ihre eigenen Mitbürger mit Krieg überzog. Die Sache stand 1833 so schlimm, dass der Kanton in zwei Halbkantone auseinanderbrach.

In dieser Situation war Troxler Rektor der Universität. Sein Bestreben war, die Universität und insbesondere die Studenten ausserhalb der politischen Wirren zu halten, um den Gang der Studien ungestört weiterzuführen und um die Würde der Universität als Stätte der Wissenschaft, Philosophie und Religion oberhalb des Parteikampfes zu wahren. Dies misslang vollständig. Er warnte die Studierenden, am Kampfe gegen die Landschaft teilzunehmen und machte in jener Sylvesteransprache vor den Studenten kein Hehl daraus, dass seine Sympathien der demokratischen Bewegung der Landschaft galten. Seine Worte wurden mit entsprechend entstellender Nuancierung der Polizei hinterbracht und sofort als Feindseligkeit gegen die Stadt ausgelegt.

Die Tatsache, dass der Führer der Bewegung auf dem Land, Stephan Gutzwiller, Schüler des Lehrvereins gewesen war und mit Troxler in freundschaftlichem Briefwechsel stand, wurde ihm zum Verhängnis. Die verschiedensten Gerüchte wurden als Tatsachen genommen. So zirkulierte die Behauptung, Troxler sei mit Wilhelm Snell und Zschokke Mitglied eines geheimen Comité directeur, das in Olten residiere und von Frankreich besoldet werde, um die Schweiz zu revolutionieren. Jetzt erfolgte Verhaftung und Verhör Troxlers wegen Hochverrats, Hausdurchsuchung und Beschlagnahme der Papiere, Briefzensur und Überwachung der Post, Stadtarrest und schliesslich die Überweisung an die Gerichtsbehörden. Es waren rechtswidrige Massnahmen, gegen die Troxler vergeblich protestierte. Am 9. Mai 1831 war die Gerichtsverhandlung vor dem Kriminalgericht.

Wenige Tage vorher hatte Troxler in der Jahresversammlung

der Helvetischen Gesellschaft in Schinznach einen Toast ausgesprochen, der die Runde machte durch die Schweizerpresse. In Anlehnung an das evangelische Gleichnis vom verdorrten Feigenbaum, den man ausreissen müsse und in ironischer Anspielung auf seine Basler Situation sagte er: »Mir, einem Staatsverbrecher, sei auch erlaubt zu trinken und anzustossen im Eidgenossenkreis. Ich bringe ein Fahrewohl den 1814 verdorbenen Verfassungen, diesen verdorrten Feigenbäumen, an welchen sich unsere Judasse, die Volksfeinde, hängen mögen. Dagegen ein Lebehoch unsern jungen volkstümlichen Regierungen; sie sollen grünen und blühen wie Bäume am Bach, an welchen der Apfel der Freiheit reift.«

Troxler hatte während der ganzen Zeit der Untersuchungen und polizeilichen Massnahmen die Vorlesungen und Rektoratsgeschäfte sistiert, so hatten die Verdächtigungen und Verfolgung sein Gemüt angegriffen. Das entfremdete ihn von der Universität, die mehrheitlich zur Stadt hielt.

In der Gerichtsverhandlung vom 9. Mai verteidigte sich Troxler in einer fast dreistündigen Rede, die weniger eine Verteidigung als ein Angriff war auf alle Machenschaften, die er hatte erdulden müssen. Es gelang ihm, das Publikum zu fesseln und es zum Teil zu bekehren. Das Gericht musste ihn in allen Punkten freisprechen, denn es konnten keine Beweise erbracht werden, dass er an der Erhebung des Landvolkes teilgenommen oder deren Führer aufgestachelt hatte.

Mit diesem Freispruch war die Sache nicht erledigt. Die Verleumdungen hörten nicht auf. Die Stadt Basel hatte in der ganzen liberalen Schweiz eine schlechte Presse. Man nahm offen Troxler in Schutz und geisselte die Haltung der Stadt in der demokratischen Bewegung.

Als Troxler im Sommer seine Schrift »Basels Inquisitionsprozess« herausgab, goss er neues Öl ins Feuer, wie damals in Luzern mit seinem »Fürst und Volk«. Schon der Titel mit dem Wort »Inquisition« war aufreizend. Dass er in der Schrift den Verlauf seiner Verfolgung aller Welt bekannt machte, schaffte böses Blut in der Bevölkerung. Klug zu handeln und auf seinen Vorteil bedacht zu sein, war nie seine Devise, auch jetzt nicht.

In Basel steigerte sich die Spannung im Laufe des Sommers. Der Pöbel der Stadt bemächtigte sich der Sache. Man wollte jetzt nicht nur seinen Freispruch vor Gericht, nein auch seine Schrift über den Prozess, sowie die Pressekampagne gegen die Stadt Basel an ihm rächen.

In den Augusttagen wurde Troxler nachts von einem lärmenden Haufen mit Steinwürfen gegen Türen und Fenster tätlich bedroht. Ein Warnbrief riet ihm: »Gehen Sie, ich bitte Sie, des Nachts niemals aus und auch des Tags nicht ohne Not. Die Gefahr ist drohender als Sie glauben.«

Unter solchen Bedingungen war seines Bleibens nicht mehr, und am 20. August verliess er als Flüchtling die Stadt und kehrte über badisches Gebiet in die Beromünster Heimat zurück, krank, geschlagen, vernichtet. »Das war meine heimliche und aus eitler Angst erfolgte Flucht« schrieb er zu diesem Tag, wenige Tage nach seinem 51. Geburtstag.

Zwischen dem rauschenden »Hosianna« seines Einzuges in Basel und dem »Kreuzige ihn« und seiner Flucht aus der Stadt lagen 15 Monate. Davon verliefen nur sieben in einigermassen fruchtbarer Ruhe, die andern acht versanken in der Wirrnis der politischen Ereignisse, in die er ohne Absicht geraten war. Zum zweiten Mal verlor er seine Existenz und stand am Grab all seiner Hoffnungen und grossen Pläne vom demokratischen Freistaat und einer von Staat und Kirche unabhängigen Bildungsanstalt, der Gesamthochschule der Schweiz.

Flucht aus Basel und Prozess mit Luzern

Der vom Schicksal Gehetzte brachte seine zwei Söhne nach Münster in die Stiftsschule, die Familie nach Aarau in sein Haus, »um daselbst unabhängiger denn je für die Wissenschaft und das Vaterland zu wirken. Ich weiss nichts Besseres.« Seine Stelle an der Hochschule Basel wurde, ohne dass die Regierung mit ihm darüber verhandelte, im September aufgehoben, nachdem man ihn schon im Juni im Rektorat ersetzt hatte. Schon vor der Flucht aus Basel hoffte Troxler auf eine Berufung nach Luzern. Er glaubte, eine Regierung, die Gefühl für Ehre und Recht hätte, würde sich beeilen, die an ihm begangene Ungerechtigkeit gut zu machen. Er sei abgesetzt worden wegen der Schrift »Fürst und Volk«, eine Schrift mit Prinzipien, die jetzt allgemein ihren Sieg feiern. Seine Hoffnung auf Luzern war nicht aus der Luft gegriffen. Am 30.3.1831 hatte nämlich die neue Luzerner Regierung der Basler Regierung empfohlen, für ihren Mitbürger Troxler eine gute und prompte Rechtssprechung und baldige Entscheidung zu besorgen. Diese Empfehlung wurde dank Aebis und anderer Freunde Initiative gegeben. Die neue Regierung war ihm indessen nicht günstig gesinnt. Das zeigte sich, als im Sommer 1832 113 Bürger eine Bittschrift einreichten, die verlangte, er sei für das 1821 erlittene Unrecht zu entschädigen und wieder anzustellen. Der Grosse Rat wies das Begehren auf Antrag der Regierung ab, denn es können nicht Drittpersonen im Namen Troxlers Genugtuung verlangen und eine spätere Regierung könne nicht verpflichtet werden, allfällig an Privatpersonen verübtes Unrecht einer früheren Regierung wieder gutzumachen. (In jenem Grossen Rat sass auch Vinzenz Rüttimann.)

Troxler gelangte nun direkt an die Regierung. 1834 lud er sie vor Gericht, gewiss ein ungewöhnliches Vorgehen. Aber niemand konnte ihm nachweisen, dass es rechtlich nicht statthaft sei. Troxler wollte mit der Vorladung die Ehr- und Pflichtvergessenheit der Regierung ans Licht ziehen und sein Recht geltend machen und ausserdem die Trennung der Gewalten herbeiführen.

Natürlich weigerte sich die Regierung vor Gericht zu erscheinen. Nach Prüfung der Frage musste der Grosse Rat beschliessen, sie habe die Vorladung anzunehmen und die Klage Troxlers anzuhören. Eine erste Verhandlung vor dem Friedensrichter führte nicht zur Einigung. Troxlers Klage zur Wiedergutmachung der einst auf lügenhafter Anklage beruhenden Entlassung verlangte die Besoldungsentschädigung bis zu seiner Wahl an die Basler Hochschule, wegen des einseitig aufgehobenen Anstellungsvertrags. Anfang 1837 wurde endlich ein Urteil gesprochen. Das Bezirksgericht wies Troxlers Klage zurück und verurteilte ihn zu den Kosten. Er appellierte an das Obergericht, welches am 12.5.1837 das erstinstanzliche Urteil als falsch annullierte und Troxler soweit Recht gab, dass ihm die Besoldung bis zum Zeitpunkt seiner Abreise von Luzern (1823) auszuzahlen sei. Troxler wurden die Kosten erlassen.

Troxler zeigte in dieser Prozessführung eine Konsequenz, die als pedantisch und nachträgerisch bezeichnet werden könnte, aber das würde die Sache nicht treffen. Er hielt die Sicherung des Rechts im demokratischen Freistaat für eine Notwendigkeit. Die Hartnäckigkeit, mit der Troxler seinen Prozess mit Luzern verfolgte, entsprang seiner Geistesgabe, die Dinge in ihrer Gesetzmässigkeit zu erkennen und sie in Form von Prinzipien auszusprechen und für deren Realisierung zu kämpfen. Hierin war er in seiner Zeit einzigartig.

Viele haben mitgearbeitet an der Realisierung des demokratischen Freistaates. Sie waren auf einmal da, die Ärzte und Schriftsteller, die Redner und Dichter, die freigesinnten Katholiken und liberalen Protestanten, die Redaktoren und Lehrer, 1830 und 1848. Aber nicht leicht ist ein Zweiter zu finden, der mit ebensolcher Geistesklarheit die hier waltenden Ideen erfassen und aussprechen konnte und der bereit war, Gefängnis, Verachtung, Verfolgung, Verleumdung, Todesdrohung und Verlust der Existenz auf sich zu nehmen wie Troxler. Er war wie ein Leuchtturm, der in dem unruhigen Wellengang der Zeit die zum Ziel führende Route angeben konnte.

Troxler und Vinzenz Rüttimann

In jeder Biographie ist es von besonderem Interesse zu verfolgen, mit welchen Persönlichkeiten der Betreffende im Laufe seines Lebens in Beziehung gekommen ist. Eine Gruppe verschiedenster Menschen umgibt jede bedeutende Persönlichkeit. Sie gehören zu ihr und vollenden sein Charakterbild. Bei Troxler ist das besonders deutlich. Ein grosser und vielfältiger Kreis von Menschen umgibt ihn, denn er brauchte dauernden vielseitigen und intensiven Kontakt. Und da sein Temperament durch Wärme, Aktivität, Tatkraft und kämpferische Initiative bestimmt war, fanden sich um ihn entweder begeisterte Schüler, bewundernde Freunde, überzeugte Anhänger und Mitkämpfer, oder Gegner, Feinde, Kritiker. Gleichgültig konnte ihm gegenüber niemand bleiben.

Eine auffallende Gestalt dieser zweiten Gruppe ist Vinzenz Rüttimann. Vom Schicksal wie mit Absicht Troxler zugeordnet, begleitet er ihn durch viele Jahrzehnte, von 1798 bis zu seinem Tod 1844. Genau in der Mitte dieses Zeitraums spielte er die entscheidende Rolle als Feind, der Troxlers fruchtbare Wirksamkeit in Luzern vernichtete. Die politische Ideenentwicklung Troxlers wurde von der Auseinandersetzung mit Rüttimann wesentlich bestimmt.

Harmlos fing es an, als Troxler 1798 Rüttimanns Sekretär wurde. Aber schon nach 1 1/2 Jahren trennte sich Troxler von ihm, noch ohne Feindschaft, aber mit der entschiedenen Abneigung gegen eine diplomatisch-politische Karriere, die ihm Rüttimann eröffnen wollte. Sieben Jahre später, in Troxlers medizinischem Kampf 1806 in Luzern trat schon die Gegnerschaft hervor, denn da war Rüttimann Schultheiss jener Luzerner Regierung, die einen Haftbefehl gegen Troxler erliess.

Ein kurzer Abriss von Rüttimanns Lebenslauf zeigt den Gegensatz zwischen beiden Männern.

Elf Jahre älter als Troxler gehörte er noch der vorrevolutionären Zeit an und kam schon mit 22 Jahren als Spross einer regierenden Aristokratenfamilie Luzerns in den Grossen Rat, mit 25 Jahren als Nachfolger seines Vaters in die Regierung. Dann gehörte er einer jungliberalen Reformgruppe innerhalb des Luzerner Rats an und begrüsste mit Begeisterung die Revolutionsideen. »Mein Herz schlägt für die Freiheit, die Demokratie und die Menschenwürde« hörte man ihn sagen. Er nahm teil an jener letzten Tagsatzung der altersschwachen Eidgenossenschaft in Aarau, die am 25. Januar 1798 vergeblich den eidgenössischen Bundesschwur erneuerte. Vergeblich war auch die von der Reformgruppe betriebene innere Erneuerung durch den Sturz der Aristokratie am 31. Januar 1798 und die Einführung einer Ordnung, in der »alle Gewalt vom Volk ausgeht«.

Kurz vor der französischen Invasion sass Rüttimann in der konstituierenden Versammlung in Luzern. Als Hauptmann der Luzerner Truppen erlebte er mit eigenen Augen in Bern den Untergang Berns und das Ende der alten Eidgenossenschaft am 5. März 1798.

Von da an durchschritt er in ununterbrochenem Staatsdienst alle politischen Ämter und machte alle Umwandlungen der Staatsformen mit; er wechselte von einer Epoche zur andern die politische Farbe, war immer an leitender Stelle und erfolgreich.

Von 1814-1830 war Rüttimann in Luzern führend; er politisierte aristokratisch und konservativ, was ihn nicht hinderte, die Wahl Troxlers ans Lyzeum zu befürworten. Als nach zwei Jahren die klerikale Partei die Entfernung Troxlers verlangte, verfügte er die Entlassung. Aber die sich verstärkende liberale Opposition war am Werk, und als sie 1829 eine Verfassungsänderung vorschlug, durch welche die Trennung der Gewalten und die Rechtsgleichheit gefördert wurden, war Rüttimann nach anfänglichem Zögern plötzlich dafür, zum Schrecken seiner Freunde. Der liberale Sieg führte 1830 zur Revisionsbewegung. Troxler griff von Basel aus direkt ein durch eine Schrift an den Grossen Rat, die an einer von Dr. Köpfli einberufenen Versammlung in Sursee sogleich angenommen und zur Unterschriftensammlung in Zirkulation gesetzt wurde. Bei der Überbringung dieser Verfassungspetition konnte Rüttimann eine innere Erschütterung nicht verbergen, als er sagte: »Ich habe es mit dem Volk immer gut gemeint«. Aber die Entwicklung nahm jetzt ohne ihn ihren Gang. Nach Annahme der Verfassung durch das Volk sass er allerdings wieder im neuen Grossen Rat und wurde sogar, als »erfahrenster Staatsmann« zum Präsidenten gewählt. Während des Troxler-Prozesses fungierte er unentwegt als sein Gegner.

Als 1841 die liberale Regierung gestürzt und eine Verfassungsrevision vorgenommen wurde, sass Rüttimann wieder im Verfassungsrat. Unter der revidierten Verfassung 1841 sass er im Grossen Rat, sein Sohn wurde Regierungspräsident. 1844 starb Rüttimann 75 Jahre alt.

Der Anpassungsfähigkeit dieses Mannes steht Troxler gegenüber wie ein Fixstern, ein Beispiel von Festigkeit und Grundsatztreue. Troxler hat seinen Lebensstil treffend charakterisiert, so 1836 in einem Brief an Varnhagen: »Meine erbittertsten Gegner im In- und Ausland darf ich mit kühner Stirn herausfordern, mir nachzuweisen, dass ich nur je eine Linie breit von meinen in Wort, Schrift und Tat bewährten Grundsätzen abgewichen sei.«

Hatte Troxler den Mut, unpopulär zu sein oder durch seine konsequente Stellungnahme Freunde zu verlieren und sich Gegner zu schaffen, so vermied es Rüttimann ängstlich, sich je unbeliebt zu machen, vor allem nicht bei den Mächtigen und der Mehrheit. Troxler überforderte oft die Menschen durch seine strenge Gedankenführung, während Rüttimann mit Höflichkeit ihnen entgegenkam und mit beredtem Munde ihnen schmeichelte und sie so für seine Zwecke gewann. Unter den Zeitgenossen hatte er deshalb immer seinen Anhang. In der grossen politischen und geistigen Kontroverse des Zeitalters stand er nirgends fest. Er bewegte sich in einer Art Zwischenzone, wo er vermittelnd, versöhnend, mässigend wirken konnte. Seine Wirkung auf viele Zeitgenossen war unwiderstehlich und doch von Geheimnis umwittert. »Diesem Manne ist im Grunde nie ganz zu trauen«, sprach einer aus. Seine geistige Beweglichkeit in jeder

Lage brachte ihm manchen Erfolg. Von Troxler stammt eine treffende Charakteristik Rüttimanns (aus einem Brief an Balthasar aus dem Jahre 1819): »Der ewig junge Rüttimann (er war damals 50-jährig) in aller Ruchlosigkeit der Unschuldigste, in allem Wankelmut der Beständigste, in aller Verkehrtheit der Liebenswürdigste«.

Die Zeit von 1831 - 1834 in Aarau

Im Verlaufe des Novembers 1831 hat sich Troxler wieder in Aarau niedergelassen. Zum dritten Mal wird der Aargau zu seinem Asylland. Am 25. Februar 1832 wurde ihm und seiner ganzen Familie das Bürgerrecht von Wohlenschwil im Freiamt geschenkt, mit den Worten: »In Anerkennung der vielen ausgezeichneten Verdienste, welche Herr Paul Vital Troxler sowohl als Lehrer und Schriftsteller um die wissenschaftliche Bildung der aargauischen Jugend, als auch durch sein regsames unermüdetes Wirken um die neue freiere politische Umgestaltung des Gesamtvaterlandes sich erworben hat.«

Johannes Meyer schrieb dazu in seiner Appenzeller Zeitung: »Was werden einst unbefangene Nachkommen sagen, wenn sie in der Biographie des grossen Denkers und Kämpfers lesen, dass nicht die leuchtende Luzerna, nicht die weise Basilea, sondern ein unscheinbares Dörfchen im Freiamt ihn zu wägen und zu werten gewusst.«

Nachdem auch der Kanton Aargau Troxler das Bürgerrecht zuerkannt hatte, wurde er im November 1832 zum Mitglied des Grossen Rates gewählt (auf dem Wege der Selbstergänzung). Im gleichen Jahr wurde Troxlers Name genannt für eine eventuelle Nachfolge Hegels auf dem Lehrstuhl für Philosophie in Berlin. Hegel war 1831 gestorben. Wie sehr jenes Jahr für Troxler ein Entscheidungsjahr für sein zukünftiges Wirken war, geht aus einem Briefe an Aebi hervor: »Am Jahrestag meiner Flucht aus Basel, am 21.8.1832, blutet mein Herz noch so tief und vielseitig verwundet und hofft und fürchtet nichts mehr. Indessen wirke ich, wie Sie merken, fort und habe mich entschlossen, meine Zeit und meine Kraft *ganz dem Vaterland zu widmen*, solange ich kann, ohne mich ganz zu Grunde zu richten. Wirds dann nicht besser, so ist mein Entschluss fest gefasst – ich ziehe mit den Meinen nach Amerika.«

Sein Freund Dr. Köpfli war aus politischem Verdruss in die neue Welt ausgewandert.

Durch seine Wahl in den Grossen Rat schien ihn das Vaterland wieder ganz in seinen Bann gezogen zu haben. Jetzt sagte er: »Ich werde für Recht und Wahrheit fortkämpfen, und sollte ich allein stehen und untergehen.« 1833 wurde Troxler auch Ehrenbürger von Arisdorf in Baselland, mit ihm Ludwig Snell, Heinrich Zschokke und Johannes Meyer von Appenzell. Sie hatten sich alle verdient gemacht um die Gründung und Anerkennung von Baselland 1833.

In den Jahren 1831-1834 verstrickte sich Troxler tief in die politischen Kämpfe. Es ging um die Revision der Schweizerischen Bundesverfassung, genauer um die Aufhebung des Bundesvertrages von 1815, den Troxler immer den »Bundesverrat« von 1815 genannt hatte, da von 22 souveränen Kantonen die Rede war, welche die Schweizerische Eidgenossenschaft bilden sollten. In Wahrheit hatte die Schweizerische Eidgenossenschaft kein Organ, das die Souveränität repräsentiert hätte, denn die Tagsatzung bestand aus 44 nach Instruktionen der Kantonalparlamente stimmenden Kantonsvertretern. Im Sommer 1832 hatte die Tagsatzung die Bundesrevision beschlossen und eine 15-gliedrige Kommission eingesetzt.

Nach Troxler konnte die Konstituierung des Grundgesetzes nur von einem vom Volk gewählten Verfassungsrat ausgehen und nicht von einer durch die Tagsatzung eingesetzten Kommission. Diesen Grundsatz verfocht er an Versammlungen, in Schriften und Zeitungsartikeln. Um in der Schweiz damals etwas durchzubringen, musste es 22 mal durchberaten und schliesslich in 22 Abstimmungen errungen werden. Troxler drang trotz seiner Beredsamkeit nicht durch mit der Idee des eidgenössischen Verfassungsrates. In einigen Kantonen wurde sie zwar beschlossen. Da glaubte er sich schon dem Ziel nahe und jubelte: »Heil dir Helvetia, die Freiheit ist wieder da«. Troxler täuschte sich aber über die politische Realität.

Der Zürcher Bürgermeister Hirzel schrieb dem Berner Grossen Rat Karl Schnell (auch ein Freund Troxlers) in jenem Jahr: »Wenn Troxler ein praktischer Mensch wäre, so könnte er gut wirken, allein er ist wie ein Sterndeuter, er kann in den Höhen leben und stolpert auf der Erde über jeden Strohhalm.« Dieser Satz enthält die Problematik des Ideenmenschen, der die Entwicklung vorausnimmt, aber übersieht, wie langsam eine Idee ins Leben des ganzen Volkes tritt. Das meinte Regierungsrat Helbling von St. Gallen, als er sagte: »Troxler verwirft das Gute, um des Besten willen. Troxler ist gross in unsern Augen und hoher Achtung wert, aber bei aller seiner Riesenkraft wird er die Masse nicht in seine Höhe emporheben können, bis die hehre Idee sie lebendig macht und hebt, welche ihn so hoch über sein Zeitalter oder über das Zeitalter seiner Nation trägt. Auch diese Zeit wird kommen, so gewiss Troxlers Name fortleben wird im Andenken jedes Schweizers. Er will lieber nichts, als etwas, das nicht alles ist.«

Im Jahr 1833 wurde nach mehreren Bundesprojekten schliesslich ein Entwurf des Genfers Rossi zur öffentlichen Diskussion gestellt und in die Abstimmung der kantonalen Parlamente geführt. Jedermann spürte: jetzt geht es um die Existenz und Zukunft der Schweiz. Die Aufgabe war ihrer Grundsätzlichkeit wegen schwer und umkämpft. Troxler stellte sich mitten in den Kampf. In seinem Bewusstsein lebte das Wissen um das Geheimnis der Eidgenossenschaft, wie sie 1291 ins Leben getreten war. Und er wusste auch um das Geheimnis ihrer Lebensfrage im Jahr 1833. Aus diesem Wissen heraus führte er den Kampf mit grosser Sicherheit. Den zur Abstimmung vorgeschlagenen Entwurf Rossi nannte er einmal den »mit etwas Zentralität verbrämten wieder aufgewärmten Staatenbund des Juste Milieu«, ein andermal »eine wahre Verschlimmbesserung des Bundesverrates von 1815« und ein drittes Mal: »Der Bundesvertrag von 1815 ist der Leichnam der Eidgenossenschaft, der Entwurf 1833 ist die Zersetzung dieses Leichnams bis zum Gespenst«. Nachdem der Entwurf Rossi in den Kantonen Solothurn und Thurgau angenommen worden war, wurde er im Kanton Luzern im Juli mit grossem Mehr verworfen. Jetzt wagten die andern Kantone nicht mehr, den Entwurf vor das Volk zu bringen. Für Troxler war dieses Ergebnis ein Sieg, und er verfehlte nicht, ihn mit Triumphgefühl zu feiern.

Da er entscheidend dazu beigetragen hatte, wurde ihm vorgehalten, etwas Besseres anzubieten. Troxler liess sich das nicht zweimal sagen und ging sogleich an die Arbeit. Nach kaum einem Monat legte er den fertigen Entwurf einer Bundesverfassung vor in der Schrift: »*Die eine und wahre Eidgenossenschaft im Gegensatz zur Zentralherrschaft und Kantonstümelei, sowie zum Zwitterbunde beider, nebst einem Verfassungsentwurf.*«

Troxler geht von der *Wirklichkeit der Nation* aus, die schon lange besteht, die aber jetzt in vorgerückter Zeit einen festen Rechtsboden will. Sie will, dass in ihrem Grundgesetz ein Prinzip herrsche. Dieses *Prinzip* ist nicht etwas, was die Nation sich geben lassen kann, denn es lebt in den Tiefen ihrer Existenz. Es muss nicht geschaffen werden, denn es ist schon da, aber es muss erkannt werden. Das abstrakte hantieren mit den Begriffen der Zentralität und Kantonalität hat bisher die Lösung des Problems verhindert. Hier setzt Troxler die Lösung der Lebensfrage der Eidgenossenschaft an: Die Einheit der Nation, die im Grunde alle Schweizer bejahen, und die Existenz der 22 Kantone sind *nicht* zwei Prinzipien, die sich entgegenstehen und die man in der Mitte wie zwei Gegensätze vereinen muss. Man glaubte immer, die Zentralisierung und die Gliederung in Kantone seien zwei einander widersprechende Prinzipien. Das zeigte sich darin, dass es eine Partei der Zentralisten gab, die die Lösung nur im Einheitsstaat sahen, und eine Partei der Föderalisten, die ihrerseits die Lösung nur im Staatenbund wähnten. Eine dritte Gruppe wollte die Vereinigung der beiden Extreme, aber unter der falschen Voraussetzung, die beiden Prinzipien widersprächen einander und müssten sich gegenseitig Konzessionen machen. Ein solcher Versuch war das Projekt Rossi.

Dagegen Troxler: »Wer nur in den Gegensätzen Kantonssouveränität und Nationaleinheit denkt, kennt weder das Wesen, noch die Form der eigentlichen Eidgenossenschaft, was sie ist, was sie war, und was sie, so Gott will, allen Teufeln zum Trotz wieder werden muss.« Troxler erinnert daran, in der ursprünglichen Eidgenossenschaft hätten sich *alle Eidgenossen,* obwohl getrennt durch Berge und Wasser, zu einem ewigen Bunde *vereinigt* zu einer einzigen Nation, wie das Lager eines für die Freiheit rüstigen Heeres. Ein Bund für Freiheit und Recht ist allen helvetischen Völkern einziges Band, ist ihr Gesetz, ihr König. Da ist keine Spur von zwei Prinzipien, die miteinander in Widerspruch stehen sollen. Die Kantonalsouveränität steht nicht der Bundessouveränität als Widerspruch gegenüber, sie ist eine Vielfalt der Form in der Einheit des Wesens, sowie Schweizerbürger und Kantonsbürger auch nicht einander ausschliessen, sondern die gleichen Individuen sind.

Troxlers Lösung heisst *Bundesstaat* mit dem Zweikammersystem der eidgenössischen Behörden. Die Eidgenossenschaft kann nur ein Bundesstaat sein. Die Kantone verhindern die Verflachung und Einförmigkeit des Ganzen, der Bund verhindert die Vereinzelung und Zersplitterung. Der Eidgenosse ist sowohl Kantonsbürger wie Schweizerbürger; als Kantonsbürger repräsentiert er das Besondere, als Schweizerbürger repräsentiert er die Gemeinsamkeit mit allen. Das ist aber ein Grundgesetz der Menschheit: Der Einzelmensch ist einerseits eine besondere Individualität und zugleich ist er als Gleicher unter Seinesgleichen und gehört zur menschlichen Gesellschaft, mit der er vieles gemeinsam hat. Diese doppelte Eigenschaft des Menschenwesens zeigt sich auch im Volkszusammenhang der Schweiz: das Besondere und Individuelle in der Gliederung in Kantone und das allen Gemeinsame in der alle umfassenden Nation, »Bund« genannt. Das Besondere und das Gemeinsame muss im Bund seine Stellvertretung haben. Deshalb ist das Zweikammersystem aus dem Wesen des Bundesstaates zu fordern.

Ein glückliches Beispiel dieser Lösung ist die Bundeseinrichtung der Vereinigten Staaten von Nordamerika. Das Zweikammersystem ist die passende Organisation aller Bundesstaaten, die Bundesverfassung der USA somit ein Vorbild für die Schweizerische Eidgenossenschaft.

Heute scheint das ganz einfach, aber damals war Troxler der Einzige, der die Idee des Bundesstaates in überzeugender Weise vor das Bewusstsein seiner lieben Eidgenossen stellen konnte.

Troxler wird 1834 an die Universität Bern berufen

Die Idee einer Gesamthochschule der Schweiz, die Troxler schon 1818 in einer Artikelreihe entworfen, dann 1830 in einem Buch ausführlich begründet hatte, war bei ihm noch nicht abgeschrieben, nachdem sie in Basel gescheitert war. Auch Ludwig Snell und andere beschäftigte die Idee lebhaft. Doch war sie in dem Moment begraben, als Zürich 1833 auf eigene Faust eine Universität gründete. Eine Gesamthochschule hätte das Zusammenwirken der Kantone vorausgesetzt. Einen Gesamtstaat Schweiz gab es noch nicht, bestimmend war jeder Kanton für sich. Durch die Zürcher Universitätsgründung war Bern vor den Kopf gestossen und beeilte sich, das Gleiche zu tun. Am 5. März 1834 beschloss die Regierung Neuhaus, die bestehende Akademie in eine Universität umzuwandeln. Neuhaus als Erziehungsdirektor setzte alle Kräfte in Bewegung, um im gleichen Jahr die Universität zu eröffnen. Es war ein Wagnis für die damals kleine Stadt.

Troxler war inoffiziell angefragt worden, ob er eine Berufung an die neue Hochschule annehmen würde. Er sagte zu und wurde einstimmig gewählt. Vorher hatte die radikale Presse Troxlers Berufung nach Bern gefordert: »den geistigen Führer der Schweizer Jugend, den hinreissenden Redner, den Märtyrer der Freiheit.«

Auf Ersuchen des Erziehungsdepartements hatte Troxler die Inauguralrede zur Eröffnung der Hochschule zu halten, »weil gerade Sie diesen nicht unwichtigen Akt in demjenigen Geiste ausführen werden, welcher der Feier und der Bedeutung des Tages am angemessensten ist«. An Wertschätzung und hoher Erwartung von Seiten der Regierung fehlte es nicht.

Hochgestimmt durch die Wahl zum Professor der Philosophie und den ehrenvollen Auftrag für die Eröffnungsrede, hielt Troxler zur feierlichen Eröffnung am 15. November 1834 eine denkwürdige Rede über die Idee der Hochschule im Kulturleben der Völker und entwarf eine tiefsinnige Geschichte der freien menschlichen Bildung vom Mittelalter in die Neuzeit. Der Kern der ganzen Rede war ein Bekenntnis zur Freiheit des Bildungslebens und ein Angriff auf das Vorurteil, als ob der Staat oder die Gemeinschaft die Menschen in ihrem wesentlichen Sein bestimme. Das Umgekehrte sei der Fall: die Menschen bestimmen Staat und Gemeinschaft, denn nur der Einzelne ist fähig, moralisch zu handeln und erkennend tätig zu sein. Ohne gebildete Einzelmenschen ist der Staat ein Nichts. Schon zu Beginn seiner Rede steht ein bemerkenswerter Satz: »Das seltene Fest der Eröffnung einer Universität ist eine Angelegenheit der Menschheit, des Gesamtvaterlandes und des Freistaates Bern.« Der Kernsatz lautet: »Ohne Anstand und Bedenken wagen wir es dagegen, den geistlichen und weltlichen Mächten gegenüber, dem menschlichen Geiste sein Urrecht der Unabhängigkeit von ihnen, seiner unbeschränkten Selbständigkeit und seiner ungehemmten Freitätigkeit in seinem eigenen Daseins- und Wirkungskreise zu vindizieren.«

Der »eigene Daseins- und Wirkungskreis« des menschlichen Geistes ist jede Art von Schule. Diese kann daher nicht auf dem Staat oder der Kirche beruhen, sondern alle drei, Staat, Kirche und Schule beruhen auf der Urgrundlage der göttlich-menschlichen Natur. In Erziehung und Schule soll diese Menschennatur zu freier Entfaltung gebracht werden. Auf erzogene Menschen sind Staat und Kirche je und je angewiesen, auf sie gründet sich ihre Existenz. Es handelt sich also jetzt um »die Wiederherstellung des menschlichen Geistes in seine volle Selbstheit und Freiheit.«

Deutsche Fürsten hatten den Besuch der Universität Bern verboten, da man sie als Schule der radikalen Politik denunzierte. Troxler kam in seiner Eröffnungsrede auch auf diesen Punkt zu sprechen. In seiner Art, die Dinge beim Namen zu nennen, sagte er: »Welch eine Geist- und Herzlosigkeit, zu verkennen, dass

Wissenschaft und Bildung nicht einer einzigen Nation gehören, dass sie das Gemeingut der Menschheit und das moralische Band aller zivilisierten Völker ausmachen. Welche Verblendung gehört dazu, noch im 19. Jahrhundert dieses Gemeingut aufzuheben und Geistessperre einzuführen, über Deutschland, England, Frankreich, Italien und der Schweiz Geistesbann verhängen zu wollen. Lasst uns ihrer gedenken und für sie beten: Herr, vergib ihnen, denn sie wissen nicht was sie tun.«

Troxlers Hochschulkonzept war auch für Bern, dass die Philosophie als Haupt- und Zentralstudium für alle Studenten zu gelten habe, nicht als Fakultät neben drei andern, sondern als Grundlage für die andern, als allgemein wissenschaftliche methodische Schulung, wie früher die 7 freien Künste die Vorbildung waren für alle nachfolgende Spezialbildung.

Aber da erlebte Troxler in Bern eine schwere Enttäuschung. Das Brot- und Spezialstudium dominierte bald einmal. Troxler hatte Mühe, seine Vorlesungsstunden überhaupt unterzubringen; er musste sie auf die ungünstigsten Randstunden, einmal im Sommer sogar morgens 5 Uhr, ansetzen. Andere Schikanen kamen dazu, so die Rivalität der evangelisch-theologischen Fakultät gegenüber dem »Katholiken«. Plötzlich wurde ihm die reglementarisch zugeschriebene Wohnung gekündigt. Bern war für ihn eine Kette von Enttäuschungen. Einmal sagte er mit Galgenhumor: »Man muss schon »Philosoph« sein, um in Bern Philosophie zu lehren.«

Troxler wohnte in Bern in einer von der Hochschule ihm von Gesetzes wegen zugewiesenen Wohnung in unmittelbarer Nachbarschaft der Hochschule. Sie war damals in Gebäuden der Altstadt untergebracht, die heute nicht mehr stehen, da sie dem Bundeshaus weichen mussten. Wie überall, wo er hinkam, nahm Troxler auch hier die ganze Naturumgebung mit offenen Sinnen wahr. Der Blick war frei auf die in der Tiefe rauschende Aare, die dahinter sich erhebenden Waldberge und das breite Panorama der Schneeberge über den Voralpengipfeln von Niesen und Stockhorn. Entsprechend war Troxlers Schilderung an Varnhagen: »Was mir jetzt ausser dem Kreise meiner Familie und dem Hochschulleben mein Dasein erheitert, ist die Nähe, Grösse und immer neue Herrlichkeit der Alpenwelt. Von meinem Fenster, von meinem Bette aus erblicke ich alle Morgen beim ersten Erwachen die ganze Gotteskette von den Wetterhörnern, dem Finsteraarhorn, Eiger, Mönch und Jungfrau bis Blümlisalp und weiter. Man hat dem Schweizer wie so viel anderes auch poetischen Sinn absprechen wollen. Ich frage Sie: zeugt nicht schon diese Bergtaufe mit solchen Namen und den sie begleitenden sinnvollen Sagen für sie. Alle Morgen sehe ich das »Es werde Licht« auf der grossen, weiten hohen Bühne aufführen. Wäre mit solch einer Lage das rege freie Geistesleben, wie ich mirs denke, verbunden, möchte ich sie göttlich nennen.« Das war am 28. Juni 1836.

Nach dem Scheitern der ersten Bundesrevision gedachte Troxler mit Hilfe einer Volksbewegung eine Sammlung aller liberalen und zur eidgenössischen Einigung strebenden Kräfte zustande zu bringen. 1831 wurde in Langenthal der eidgenössische Schutzverein gegründet, zum Schutze der regenerierten Verfassungen vor der Reaktion. 1834 ging aus diesem Verein in Zürich der »Nationalverein« hervor. Jetzt sollte eine Schweizerische Regeneration die neue Bundesverfassung ins Leben rufen. Trotz Volksversammlungen und Pressekampagnen kam die Bewegung nicht zustande. Troxler dachte daran, im Sommer 1834 durch eine grosse Volkspetition am Schützenfest in Zürich die Sache ins Rollen zu bringen, wodurch die Tagsatzung abgeschafft und der Bundesvertrag aufgehoben werden sollte und der von ihm geforderte eidgenössische Verfassungsrat in Tätigkeit treten sollte. Damit war eine Art »Staatsstreich« beabsichtigt, allerdings in voller Offenheit und ohne Gewalt. Sein radikaler Waadtländer Freund Henri Druey aber fiel Troxler in den Arm und riet ihm in einem langen Brief von dem Unternehmen ab, in der richtigen Voraussicht, dass es an der Passivität des immer noch kantonal denkenden Volkes scheitern müsse. Troxler liess sich belehren und verzichtete.

Ein grosses Hindernis zur Sammlung der fortschrittlichen Kräfte bildete die Badener Konferenz anfang 1834. Sieben regenerierte Kantone, unter Mitwirkung freisinniger Katholiken beschlossen in 14 Artikeln die staatliche Aufsicht und Kontrolle der katholischen Kirche und Klöster, um die kirchliche Despotie und die päpstliche Macht zu beschränken und die Rechte des demokratischen Staates gegenüber der Kirche geltend zu machen, weil erwiesenermassen die liberalen Umwälzungen von kirchlicher Seite Widerstand, Feindschaft und Ablehnung erfuhren.

Troxler trat diesen Beschlüssen mit aller Kraft aus grundsätzlichen Erwägungen entgegen. Er sah darin einen Rückfall in die konfessionelle Politik des 16. Jahrhunderts und befürchtete eine Entzweiung des ganzen Volkes und ein unnötiges Aufflackern der religiösen Frage. Er vertrat das Prinzip der freien Kirchen, da sie ein Gut verwalten, das (bei verschiedenen Konfessionen des Landes) nur in gegenseitiger Toleranz und in Freiheit gedeihen könne. Durch die Badener Beschlüsse würden die katholischen Eidgenossen beleidigt, umso mehr, als der Papst 1835 diese Beschlüsse verdammte.

Troxlers Stellungnahme zu den Badener Beschlüssen entfremdeten ihn zusehends von seinen Anhängern und Freunden. Dass er die Kirche vor dem Zugriff des Staates in Schutz nahm, wurde nicht verstanden. »Troxler ist ein Narr geworden«, sagten die Radikalen.

Doch die Entwicklung hat Troxler recht gegeben. Die Konfessionalisierung des Volkes trat ein, Entzweiung und Intoleranz nahmen zu, die Einigung aller Schweizer wurde immer aussichtsloser. Schliesslich kam es zum Bürgerkrieg zwischen dem katholischen Sonderbund und der Tagsatzungspartei. Der Sonderbund beging Landesverrat, indem er Waffenhilfe und militärische Intervention vom Ausland erbat; die Schweiz stand am Abgrund ihrer Auflösung. Das sah Troxler kommen. Seine weisheitsvolle Stimme, die zu vermitteln und zu schlichten suchte, wurde nicht gehört. Er litt unsäglich darunter. All seine Bemühungen um eine Wiedergeburt der Eidgenossenschaft in einem kräftigen Gesamtstaat in der Form des Bundesstaates schienen zum Scheitern verurteilt.

Seinen Kummer hat er Varnhagen nach dem 2. Freischarenzug ausgeschüttet: »Bei vollkommenem körperlichen Wohlsein hat sich meiner eine tiefe Schwermut bemächtigt, wie sie mein von Natur so frohsinniges Gemüt in meinem Leben nicht kannte.

Dahin hat mich die Lage meines Vaterlandes, meine Stellung zwischen verblendeten, leidenschaftlichen Parteien und der Gang der Ereignisse gebracht. Was mich am meisten kränkte und schmerzte, war, das *Hauptziel* der *Bestrebungen* und *Hoffnungen,* für das ich seit so langer Zeit so viel gelitten und geopfert, die *Rekonstituierung der Eidgenossenschaft* als *Bundesstaat,* gleich fern von den für die Schweiz so gefährlichen und verderblichen Extremen eines Staatenbundes und eines Einheitsstaates, *vereitelt zu sehen,* und zwar mehr durch die Schuld der Freunde als durch die Macht der *Feinde der guten Sache.*«

Troxler als Experte an der Académie de Lausanne und sein Verhältnis zu Charles Secrétan

Im August 1841 wurde Troxler von der Académie Lausanne als Mitglied der Prüfungskommission gewählt, welche die Aufgabe hatte, bei der Wahl neuer Professoren der philosophischen Fakultät die Kandidaten in einem Examen zu prüfen. Es handelte sich damals um den jungen, erst 26-jährigen *Charles Secrétan* von Lausanne, der sich um die Professur bewarb und hiefür eine Arbeit geschrieben hatte über ein anthropologisches Thema: »De l' âme et du corps«, das Troxler sehr interessieren musste. Seine Französischkenntnisse kamen ihm zu statten, weshalb er vom damaligen Rektor Charles Monnard, der Troxler politisch nahe stand, als Experte vorgeschlagen wurde.

Diese Episode ist biographisch interessant und daher der Erwähnung wert. Troxler hatte 40 Jahre früher den jungen Schelling in Jena erlebt. Secrétan erfuhr in München, wo Schelling von 1827-1841 lehrte, die entscheidende Anregung für seine Laufbahn vom späten Schelling. Troxler bestätigt in einem Brief an Schelling vom 1.3.1842 seine Mitwirkung an der Wahl Secrétans in Lausanne, dem »Hörer und treuen Anhänger Schellings«, und spricht von der rühmlich ausgefallenen Prüfung, der er mit Vergnügen beigewohnt habe. Damit hatte es jedoch noch nicht sein Bewenden. Secrétan war einer der bedeutendsten Lehrer der Académie de Lausanne und gleichsam ein Geistesbruder Troxlers in der französischen Schweiz. Sein Hauptwerk ist die »Philosphie de la liberté«, erschienen 1849.

Wie Troxler stark mit der französischen Sprache und Kultur verbunden war, so Secrétan mit der deutschen. Bis ins persönliche Leben erscheinen die beiden als eine Art Zwillingsgestalten: Troxler der Katholik verheiratete sich mit einer protestantischen deutschen Frau, Secrétan als Protestant verheiratete sich mit einer katholischen Deutschen. Wie Troxler hat auch Secrétan die Liebe und Verehrung einer begeisterten Schülerschar erleben dürfen. Er verkörperte in der französischen Schweiz während Jahrzehnten gleichsam ein Wächteramt der Freiheitsgesinnung, des moralischen Strebens der Jugend und der sozialen Verantwortlichkeit.

1853 konnte Troxler in öffentlicher Feier sein 50-jähriges Doktorenjubiläum begehen. 1891 war es Secrétan, der bei Gelegenheit der Umwandlung der Académie Lausanne in eine Universität zugleich seine 50-jährige Dozententätigkeit feiern konnte. Der deutschen Sprache mächtig, muss Secrétan Troxlers Werdegang und Schrifttum eingehend verfolgt haben, denn 1880 erschien im 3. Band der »Biographies Nationales« in Lausanne eine Biographie über Troxler. In dieser Biographie erweist sich Secrétan als derjenige, der Troxler unter allen seinen Zeitgenossen am besten verstanden hatte. In der deutschen Schweiz kann man Zschokke neben Secrétan stellen, der aber nie über Troxler geschrieben hat. In der Suisse Romande hatte Troxler ausser Secrétan noch zwei andere verständnisvolle Freunde: Henri Druey, den späteren Bundesrat, und Alexandre Daguet, den liberal gesinnten Geschichtsprofessor in Fribourg und Neuchâtel und Verfasser einer »Histoire de la Confédération Suisse«. Dieser veröffentlichte 1866 im »Journal de Genève« in 4 Aufsätzen einen prächtigen Nachruf auf Troxler. Von Druey kennen wir eine knappe Charakteristik Troxlers, aus der die Bewunderung für ihn heraustönt:

»C' est un esprit de la plus haute volée, profond, élevé, vaste, conséquent, unissant la religion à la philosophie, catholique dans le véritable sens du mot.«

Aus den »Vorlesungen über Philosophie«

In einem öffentlichen Kurs vor einem Zuhörerkreis aus der ganzen Stadt eröffnete Troxler im Winter 1834/35 seine Tätigkeit in Bern. Diesen Kurs hat er nachher im Druck herausgegeben. Er stellt das letzte grössere Werk Troxlers dar und enthält den ganzen Inhalt seiner Philosophie. Die Philosophie ist eine Angelegenheit jedes Menschen, insofern er das Bedürfnis hat, über Welt und Leben nachzudenken.

Troxler kommt auch ausgiebig auf das Phänomen des Volkes zu sprechen, wie Menschen sich zusammengehörig fühlen als Angehörige eines Volkes und Bewohner eines Landes, die durch Jahrhunderte hindurch eine gemeinsame Geschichte haben. Troxler betrachtet es als eine der wesentlichen Aufgaben des Philosophen, diesen Bereich zu studieren und in ihm zu leben. Seine Philosophie wird dann von den Kulturgütern des Volkes unweigerlich geprägt und er kann wieder auf die Nationalbildung zurückwirken.

Troxler hat in Deutschland, Österreich, Italien, Frankreich und vor allem in der Schweiz mit Staunen das Eigentümliche jedes Volkes wahrgenommen:

»Ein jedes Volk hat seinen eigenen Genius, welcher in den Gefühlen und Antrieben seiner Masse schlummert und sich im Anfang seiner Geschichte in dunklen Regungen und Strebungen kundgibt.«

»Dieser Genius offenbart sich erst in einem seiner selbst noch nicht klar bewussten Sinn und verwirklicht sich in Taten, die unmittelbar von einem sich selbst verborgenen Naturimpuls ausgehen. Es ist die Zeit der Jugend der Völker und des Ursprungs ihrer Staaten, welche wie die Morgenröte das Licht des kommenden Tages ankündet. Das Gefühl und der Trieb geht lange vor der Wissenschaft und Kunst, wie die Poesie der Philosophie vorgeht.

Aber es tritt im Leben einer jeden sich geistig und sittlich entwickelnden Nation ein Wendepunkt ein, wo eigenes Bewusstsein und freie Tätigkeit des sich selbst reflektierenden Geistes die Triebe und Kräfte, die ursprünglich gefühlartig und instinktmässig gewirkt haben, begreifen und beherrschen, gleichsam ablösen und statt ihrer die Zügel ergreifen oder untergehen muss, weil die frühere Zeit und Kraft vergangen ist.

Dieser *Wendepunkt* ist, wenn je, gegenwärtig in unserem Nationalleben eingetreten und die Zeit gekommen, da, wie eine alte Volkssage lautet, die drei sogenannten Tellen nach vielhundertjährigem Schlaf, da ihre Bärte vielleicht auch in langer Beratung durch den Tisch der alten Nachtsatzung bis zum Boden hinab gewachsen sind, wieder aufwachen und aus ihrer Höhle im Rütli ins weite lichte Vaterland mit Rat und Tat hervorgehen werden. Was soll dieses Aufwachen unserer Urväter bedeuten? Ich denke das Zusichkommen und Insichgehen der Schweizer Nation in Geist und Gemüt, das Wiederfinden und Eröffnen der alten Gründe und Quellen des Nationallebens in einem neuen Lichte, an einem neuen Tage. Diese Gründe und Quellen sind aber geistiger Natur und jeder Schweizer, jeder Eidgenosse trägt sie in seiner eigenen Brust, und da das geistige und sittliche Wesen und Leben der Nation aus dem geistigen und sittlichen Wesen und Leben der Individuen erwächst, so wollen Sie es mir ja nicht als eine Abschweifung anrechnen, wenn ich der Philosophie, als der wahren Geistesleuchte, einen so hohen Sinn und Wert beilege, dass die Philosophie selbst auf eine lebendige Weise national begründet, entwickelt und angewandt werde.«

Im 14. Vortrag kommt er noch einmal auf das Thema zurück. Hier entwickelt er drei Grundmotive der Schweizergeschichte, die ins bewusste Leben des Einzelnen eintreten sollen als Antrieb zu neuen Taten:

»Hier muss ich daher, als Schweizer von Geburt und Gesinnung und als öffentlicher Lehrer in der Republik, ein freies und ernstes Wort aus tiefstem Herzensgrund zu Ihnen sprechen. Ich habe es in meinem Vaterlande erlebt, dass ich Niklaus von Flüe für einen Einfältigen, Wilhelm Tell für einen Meuchelmörder und Arnold von Winkelried für einen Schwärmer erklären hörte. Ich frage Sie, wen wird solch eine Lästerung und Schändung nicht empören und entrüsten. Wird dadurch nicht das Heiligste, die Gesinnung und Grundsätze, auf welchen, wie die Alpen auf ihren ewigen Gründen, der Eidgenossenbund ruhen sollte, aufgeopfert?

Diese Frage ist nicht eine unzeitige Redefigur. Der Zeitpunkt naht und ist schon da, wo über unser höheres ethisches Sein, von welchem allein unsere Existenz in Zeit und Welt abhängt, über Sein oder Nichtsein des in Europa einzig noch in der Form uralt angestammter Selbständigkeit und Freiheit lebenden Volkes entschieden wird, entschieden wird an der Frage, ob es noch viele gibt, welche sagen dürfen und können: Ja, ich will, wenn es not tut, die Welt fliehen und dem Leben entsagen wie von der Flüe, ich will unter gleichen Umständen dem Übermut trotzen und handeln wie Tell, ich will, wenn das Vaterland ruft, meine Brust den feindlichen Speeren bieten und sterben in der Schlacht wie Winkelried.«

Troxlers Intervention 1848
für die neue Bundesverfassung

Auf Neujahr 1848 hatte Troxler nach mehrjährigem Schweigen wiederum eine Schrift veröffentlicht und überallhin versandt: »*Die Verfassung der Vereinigten Staaten von Nordamerika als Musterbild der schweizerischen Bundesreform.*«

Wie schon vor 27 Jahren mit der Schrift »Fürst und Volk« will er damit »mitten in die Zeit hineingreifen«. Aber diesmal ist es nicht ein Angriff. Es ist ein Friedensruf, der Rat des grossen Weisen, dem das Herz blutet über der tödlichen Gefahr, in der sein Land und Volk schwebt. Und sein Wort gilt diesmal nicht einer allgemeinen geistigen Auseinandersetzung über Grundprinzipien des sozialen Lebens, sondern es greift hinunter in eine konkrete Lebens- und Schicksalsfrage seines Volkes. Die Schweizerische Eidgenossenschaft steht an einem Knotenpunkt ihrer Geschichte. In Bern tagte seit dem 17. Februar 1848 die Kommission, die den Auftrag hatte, der Schweiz eine neue Verfassung zu schaffen, die den seit 50 Jahren dauernden Kämpfen und Krisen ein Ende bereiten sollte. Schwer lastete die Verantwortung auf den Abgeordneten, denn ein nochmaliges Scheitern der Bundesrevision musste in die Katastrophe führen.

Schon war die Arbeit ein gutes Stück vorangeschritten, als die zentrale Frage zur Sprache kam, in welcher Form die Kantone in den Gesamtbund eingebaut werden können. Da prallten die alten Gegensätze aufeinander: entweder unbeschränkte Selbständigkeit der Kantone auf Kosten eines handlungsfähigen Gesamtstaates, oder ein Einheitsstaat, in dem die Kantone keine eigene Funktion mehr haben. Es gab unerbittliche Vertreter beider Möglichkeiten. Zwischen ihnen stand eine starke Gruppe, die zwar den einheitlichen Gesamtstaat wollten, aber unter Aufrechterhaltung aller 22 Kantone. An diesem Punkt entschied sich Gelingen oder Misslingen der Reform. Das drohende Eingeständnis, dass man nichts zustande bringe, hing wie eine dunkle Wetterwolke über dem Saal. Da fasste sich der Vertreter des Standes Schwyz ein Herz und suchte am Abend des 21. März nach der heftigen Diskussion Troxler auf. Es war Melchior Diethelm, der vor 28 Jahren in Luzern Troxlers Schüler gewesen war. Troxler übergab ihm das Büchlein über die Verfassung der Vereinigten Staaten und bat ihn, dasselbe in der Kommission zur Diskussion zu bringen, denn es enthalte die vollkommene Lösung der Lebensfrage der Eidgenossenschaft.

Nun war aber Diethelm der Vertreter eines Sonderbundskantons, und als solcher hatte er wenig Hoffnung, sich bei den Radikalen Gehör zu verschaffen. Der Vorstoss musste von einem unbescholtenen Vertreter lanciert werden. Auf den Rat Troxlers ging er mit dem Büchlein zum Solothurner Joseph Munzinger. Typisch war dessen erste Reaktion. Mit abwehrender Gebärde sagte er: »Viel zu doktrinär«. Darin sprach sich ein Vorurteil aus, das viele gegen Troxler hegten. Diethelm liess aber nicht nach und legte Munzinger nahe, das Büchlein wenigstens zu lesen. Er tat es und versprach, alles daran zu setzen, die Sache in der Kommission nicht nur vorzubringen, sondern durchzusetzen.

In einem begeisterten Votum, wie man es aus seinem Mund selten gehört hatte, stellte Munzinger anderntags die Idee des Zweikammersystems mit all ihren wohltätigen Folgen und Möglichkeiten dar. Nach kurzer Diskussion wurde die Sache beschlossen, sodass selbst Munzinger und alle seine Kollegen wie vor einem Wunder standen. Am andern Tag meldeten sich Zweifler zum Wort und behaupteten, was da gestern beschlossen worden sei, sei in der Debatte nicht genügend zur Sprache gekommen. Es sei wie vom Himmel gefallen. Munzinger rief freudig bewegt: »Gewiss ist dieser Beschluss vom Himmel gefallen, denn es war der Tag des Niklaus von der Flüe (22. März).«

Nach 1848 wurde das Verdienst um das Zweikammersystem verschiedenen Personen zugeschrieben: dem Genfer James Fazy, dem Waadtländer Henri Druey und dem Solothurner Bundesrat Munzinger. Charles Secrétan hat in seiner Troxlerbiographie in

den »Biographies Nationales« 1880 die Sache zurecht gerückt.
Die drei genannten haben ihren Anteil an dem Werk, aber die
zwei Romands kamen erst später dazu, das Zweikammersystem
gutzuheissen. Der eigentliche Autor und Promotor ist Troxler.

In jenen Märztagen 1848 konnte die Verfassungskommission
sein Wort annehmen oder verwerfen. Er war nicht persönlich
anwesend. Seine Person blieb im Hintergrund. Umso ungehin-
derter konnte die Idee wirken.

- Briefumschlag: Troxler an Henry Druey, 3. August 1846

Letzter Lebensabschnitt 1853 - 1866

Im Frühling 1853 begann Troxlers letzte Lebensepoche mit einem grossen Fest. Die Universität Bern feierte sein 50-jähriges Doktorjubiläum. Das war ein denkwürdiges Faktum wegen der Person des Gefeierten und wegen der Tatsache, dass er noch mit voller Kraft im Lehramt stand. Die Universität Jena beeilte sich, am Fest dabei zu sein, indem sie ihrem ehemaligen Absolventen der medizinischen Doktorprüfung ein erneuertes Doktordiplom nach Bern sandte mit einer Laudatio seines Studienfreundes Georg Kieser, der in Jena seit 1812 Professor der Medizin war. Mit Troxler stand er bis in sein Todesjahr 1862 in Briefwechsel.

In der Laudatio bezeichnet Kieser Troxler als »einen Stern erster Grösse«. Um nicht in Verlegenheit zu geraten, dichtete Troxler ein Festlied, das von der ganzen Festgemeinde am Abend gesungen wurde. Es war eine Umdichtung des alten Studentenliedes »Gaudeamus igitur«. Noch nie seien die Lehrer der Hochschule so festlich gestimmt und so gemütlich beisammen gewesen, wie an jenem Troxlerabend. Es war eine Art Friedensfest, an dem Troxler nach seinem stürmischen Leben gleichsam mit allen seinen Gegnern Frieden schloss, denn die wichtigsten Geistesschlachten waren geschlagen. Die Huldigung der deutschen Wissenschaft an den schweizerischen Gelehrten, den Nestor der damaligen schweizerischen Gelehrtenwelt, erzeugte sogleich eine erfreuliche Hochstimmung. Mehrere Redner würdigten Troxler als politischen Propheten und mutigen Selbstdenker, der wie ein Kolumbus einen unerschütterlichen Glauben an seine Ideale und an bessere Zeiten in sich trug. Einmal endlich liess man seine Qualitäten voll gelten. Er schrieb über das Fest ironisch an Varnhagen: »Man hat mich mit Ehrenbezeugungen wahrhaft geplagt und an Resonanzen von Berg zu Tal hat es nicht gefehlt. Jetzt bin ich alt geworden und doch im Wesen jung geblieben.« Letzteres, durchaus nicht ironisch gemeint, entsprach der Wirklichkeit. Denn nicht nur erfreute sich Troxler dank der »grössten Gunst des Himmels« noch ungebrochener physischer und geistiger Kräfte, sondern er war fortwährend mit neuen Studien und Plänen beschäftigt und nahm teil am geschichtlichen und literarischen Geschehen, wenn er sich auch »nach Ruhe sehnte, um in Freiheit arbeiten zu können, nicht etwa um nichts zu tun«.

Eine grosse Veränderung in seinen äusseren Verhältnissen brachte der Rücktritt vom Lehramt an der Berner Hochschule, der ihm auf Ende des Sommersemesters 1853 auf sein Gesuch hin in Ehren gewährt wurde mit einem kleinen Ruhegehalt. Hierauf zog er zum vierten und letzten Mal nach Aarau, wo er schon 1815, dann 1823 und 1831 ein Asyl gefunden hatte und wo er seit 1826 am jenseitigen Aareufer ein Haus besass. Er sah sich gleich neuen Schwierigkeiten gegenüber. Sein Landsitz war durch den kurz vorher ganz in der Nähe erfolgten Bau der neuen Kettenbrücke über die Aare und einer neuen Strasse arg in Mitleidenschaft gezogen worden und, durch fremde Verwaltung während seiner Abwesenheit vernachlässigt, in Verfall geraten. Er musste wieder aufgebaut werden. Hinzu kamen sorgenvolle Familienverhältnisse, die schon in früheren Jahren nicht gefehlt hatten. Der gute Wille, das durch die vielen Aufgaben und Pflichten in den früheren Jahren Versäumte nachzuholen, war da, und »Gott sei Dank drückt mich mein Alter noch nicht und geht mir Mut und Hoffnung nicht aus, ein grosses anthropologisches Material zu verarbeiten und meinen letzten höchsten Lebenszweck zu erfüllen«.

Der Briefwechsel mit Varnhagen schenkte ihm Erholung. Nach einer Pause bekannte er einmal: »Nichts vermisse ich so sehr, als den Genuss des geistigen Verkehrs mit Ihnen.« Varnhagens »Denkwürdigkeiten«, deren erste 2 Bände schon 1840/42 erschienen waren, erreichten 1854 den 7. Band mit einer Anzahl Biographien. Troxler dankte ihm: »Es gibt keine willkommenere, lehrreichere und verdankenswertere Gabe für meine anthropologischen Studien, auf welche sich mein Philosophieren immer mehr zusammenzieht, als *Biographien,* welche mit soviel historischer Kunde und solch eindringendem Tiefblick verfasst sind. Deshalb sind mir auch Ihre biographischen Werke und Skizzen zu einem eigentlichen Studienbrevier geworden.« In diesem Satz spricht sich Troxlers Hauptanliegen aus. Er nannte die Biographien »Individuelle Anthropologien«. Mit unversieglichem Interesse ging er darauf aus, noch als 74-jähriger, neues »Material« zu finden, um dem Rätsel Mensch immer neue Seiten abzugewinnen und es auch in seiner individuellsten Form, als Einzelbiographie, zu erfassen. Denn hier lag für ihn das grösste Geheimnis verborgen: der Mensch als Individualität und Träger eines Geistkerns, der eigene Existenz und Unsterblichkeit hat.

»Meine Philosophie ist die vollendete Individualitätslehre oder die Lehre von der absoluten Persönlichkeit.« Alle Erkenntnis des ganzen Universums, von Himmel und Erde und was dazwischen ist, Mineral, Pflanze, Tier und Mensch, spielt sich einzig und allein im individuellen Bewusstsein ab. Je individueller sich ein Mensch entwickelt und ausbildet, desto mehr wird er bewusstseinsmässig eins mit der Welt, was das Ziel jeder Erkenntnis, jeder Philosophie sein muss. »Je individueller, desto universeller« umschrieb er einmal das grosse Geheimnis. Im Studium von Biographien lag deshalb für ihn eine Quelle der Selbsterkenntnis des Menschen.

Von allen Schriften Troxlers bezeichnete Varnhagen mehrmals seine »Blicke in das Wesen des Menschen« als die schönste. Nun redete er ihm zu, seine Selbstbiographie zu schreiben (im Sommer 1854). »Was mich betrifft, so wird unter allen Ihren Büchern dasjenige, welches Ihren Studien- und Lebensgang, Ihr persönliches Schaffen und mannigfaltige Wirken darlegen wird, meinem Herzen das nächste und liebste sein, von mir mit dem heissesten Freudenruf begrüsst werden. Auch rein gegenständlich, werden Sie sich damit das grösste Verdienst erwerben. Wer kann wie Sie über die Anfänge der Schelling'schen Naturphilosophie und deren bedeutende Wirkung auf die Arzneiwissenschaft berichten. Welcher Reichtum von Leben ist hier zu entfalten.«

Varnhagen hatte die begründete Hoffnung, dass Troxler dazu berufen wäre, eine beispielhafte Selbstbiographie zu schreiben: Er wäre dazu auch bereit gewesen. Aber wie ein Verhängnis lag es auf dieser Arbeit, wie auf seiner Anthropologie: Sie kam nicht zustande.

Im Sommer 1854 starb Schelling während eines Kuraufenthalts in Bad Ragaz. Troxler hatte sich gefreut, ihm einen Besuch zu machen. – Eine ganze Reihe seiner Zeitgenossen waren schon hinüber gegangen. Im Jahre 1855 schrieb er den Nachruf auf Kaspar Köpfli, seinen Kampfgenossen in der Gefangenschaft von 1814 und in der Regeneration 1830. Dieser war aus Verzweiflung über die Gegnerschaft gegen die Bundesrevision anfangs der Dreissiger Jahre nach USA ausgewandert und hatte dort »New Switzerland« gegründet und Troxler sogar ein Stück Land testamentarisch vermacht. Der Hingang so vieler Zeitgenossen veranlasste Troxler zu dem Wort an Varnhagen: »Diesseits und Jenseits fliessen mir immer mehr ineinander und werden mir als *eine* Welt präsent.«

Im Sommer 1856 erschien Varnhagen erstmals für einen Tag in der Aarmatte in Aarau. Länger zu verweilen war ihm kräftehalber nicht möglich. Ein letztes Aufleuchten der 50-jährigen Freundschaft zweier Geister von recht verschiedenem Charakter. Troxler wollte ausführlich von seinen philosophischen Arbeiten sprechen und die ihm vorschwebende Vereinigung der Philosophie mit der Religion entwickeln. Varnhagen aber lebte in andern Problemen, und ein rechts Einvernehmen zwischen den beiden war nicht möglich in der kurzen Zeit. In die Wiedersehensfreude senkte sich ein leiser Schatten der Enttäuschung. Varnhagen schrieb wehmütig ins Tagebuch: »Mein Freund, das konnte ich mir nicht verhehlen, war alt geworden, die einst hellen, scharfen Augen waren wie verschleiert.« Zwei letzte Briefe gingen im Mai 1858 noch zwischen Aarau und Berlin hin und her.

In jenem Sommer feierte die Universität Jena ihr 300-jähriges Bestehen. In der Schweiz bildete sich ein Komitee mit Troxler an der Spitze. Im August reiste eine begeisterte Schar ehemaliger Jenenser Studenten an das Fest. Troxler verlas in feierlicher Versammlung eine von ihm verfasste Gratulationsadresse im Namen der 104 anwesenden »freigeborenen Alpen- und Jurasöhne, die in Jena als Musensöhne im freundschaftlichen Verkehr mit weisen Lehrern sich selbst entwickeln und im Werden zum Sein, in Selbsterziehung zu männlicher Selbständigkeit, in Geist und Arbeit, Studium und Leben frei und froh sich regen und bewegen konnten.« Als Festgeschenk überreichte Troxler einen silbernen Pokal und den von General Dufour geschaffenen Atlas der Schweiz.

Varnhagen befand sich nicht unter den Gästen in Jena. Seine Gesundheit erlaubte ihm die Reise nicht mehr. Im Oktober desselben Jahres starb er. Troxler lobte in einem kleinen Nachruf seine Meisterschaft der Biographik. Ludmilla Assing, Varnhagens Nichte und Verwalterin seines Nachlasses bereitete die Herausgabe der Briefe Troxler-Varnhagen vor. Widerliche Umstände verhinderten die Ausführung. Erst 1953 erschien dieser Briefwechsel bei Sauerländer in Aarau, dank der Vorarbeit der Troxlerforscherin Iduna Belke.

Am Jenaer Uni-Fest erregte Immanuel Hermann Fichte Troxlers Aufmerksamkeit. In einer Artikelserie über »Neueste Philosophie« hatte er bereits Troxlers Geistesstreben mit anerkennenden Worten charakterisiert. Später, in der 3. Auflage seiner Anthropologie 1876 bezeugte er: »Die bedeutendste Leistung für eine richtige und tiefere Erfassung des Menschengeistes müssen wir Troxler zugestehen.« Über Troxlers »Anthroposophie« in seiner »Naturlehre des menschlichen Erkennens« hatte er sich schon 1832 dahin geäussert, dass seine eigene Forschungsrichtung mit jener Troxlers vollständig übereinstimme.

1862 schrieb er ihm: »Sie sind einer unserer tiefsinnigsten Geister und der *einzige* originale Denker, welchen die Schweiz jetzt aufzuweisen hat«.

Nach dem Jubiläum von Jena erlebte er im gleichen Jahr die Genugtuung, dass auf seine Anregung die helvetische Gesellschaft sich zum letzten Mal in Brugg versammelte mit einem Aufmarsch von etwa 300 Mitgliedern. Die Festrede hielt sein ehemaliger Lehrvereins-Schüler Augustin Keller. Dann trat die Gesellschaft einen langen Schlaf an, denn durch die neue Bundesverfassung und die daraus erstandenen neuen Institutionen schien die Aufgabe der Gesellschaft erfüllt, Pflegerin und Hüterin der Idee des schweizerischen Gesamtvaterlandes zu sein. Sinnreich war es, dass Troxler dem Schlussakt ihres fast 100-jährigen Wirkens Pate stand.

Nachdem ihn der letzte schwere Verlust getroffen hatte, der Tod seiner Gattin im Frühling 1859, der Verlust »meines höchsten Erdenglückes«, fielen noch vereinzelte Lichtstrahlen in die Einsamkeit der Aarmatte: Die Rütli- und Schillerfeier 1859 zum 100. Geburtstag des Dichters des Telldramas, zu der Troxler ein Festalbum mit Einleitung besorgte, dann 1860 die 400-Jahrfeier der Basler Universität, zu der Troxler als ehemaliger Dozent eingeladen wurde, wegen Unpässlichkeit jedoch nicht teilnehmen konnte.

1865 konnte er einem seiner Schüler an der Berner Universität, Karl Schenk, zum Amt des Bundespräsidenten der Eidgenossenschaft gratulieren.

In grosser Einsamkeit verbrachte der rastlos Tätige seine letzten Jahre. Da seine Sehkraft abnahm, war er auf die Fürsorge seiner Enkelin Cornelia angewiesen, welche ihm täglich Zeitungen vorlas und die Korrespondenz besorgte.

Bis in die letzte Lebensepoche hinein ragt eine Thematik, die Troxler während der Zeit der aufblühenden Freundschaft mit Zschokke erstmals aufgriff: das *Problem des Kretinismus.* (Erste Abhandlung im »Archiv für Medizin und Chirurgie« 1817.) Eine zweite Arbeit erschien 1833: »Der Kretinismus und seine Formen als endemische Menschenentartung«. Es war dies eine Rede an der Versammlung der Schweizerischen Naturforscher in St. Gallen im Juli 1830, welche die Anregung gab zu einer umfassenden Untersuchung dieses Volksübels. Von da an war es Troxlers medizinisches Hauptanliegen, das ihn bis in die Greisenjahre beschäftigte.

Troxler verfasste 1841 einen Prospekt für die »Kretinenanstalt auf dem Abendberg« bei Interlaken. 1844 erschien die Schrift »Der Kretinismus in der Wissenschaft«, in der er sich auch mit dem überhandnehmenden Materialismus in der Medizin vehement auseinandersetzte. Das Unternehmen auf dem Abendberg wurde in ganz Europa berühmt, mit zahlreicher Literatur in französischer, italienischer, englicher und deutscher Sprache. In der Neuen Zürcher Zeitung wurde Troxler 1844 das nicht geringe Verdienst attestiert, als Erster das Problem des Kretinismus aufgegriffen und im Institut Guggenbühls (Begründer des Abendberges) die Initiative zur Kretinenfürsorge gegeben zu haben. (In Wuppertal im Ruhrgebiet besteht heute unter dem Namen *Troxlerhaus* und *Troxlerschule* ein grosses heilpädagogisches Zentrum auf anthroposophischer Grundlage zur Betreuung und Schulung geistig Behinderter, mit einer Schule für alle Altersstufen, mit einer Wohnsiedlung und Werkstätten für erwachsene Behinderte, unter der Leitung von Helmut Reimer.)

Die letzte Schrift 1866

Zum Neujahr 1866 erschien die Broschüre »Neujahrsgruss an die schweizerische Eidgenossenschaft und ihre Bundes- und Ständebehörden.« Trotz seiner tiefen Liebe zu seinem Volk und Vaterland, trotz aller Leidenschaft, mit der er den Kampf für eine freiheitliche Ausgestaltung der neuen Eidgenossenschaft führte, ist in dieser Schrift nichts zu spüren von einem sentimentalen Patriotismus oder engherzigen Nationalismus. Es war Troxler selbstverständlich, die demokratischen Ideen bei andern Völkern voll anzuerkennen und zur Geltung zu bringen: »Infolge langer Studien lernte ich erkennen, dass das Wesen eines Bundesstaates im Rütlibund gegeben ist und dass die Form desselben in zeitgemässer Ausbildung in der amerikanischen Union vorliege. Nach meiner innigsten Überzeugung ist der *Bundesstaat* der Hoch- und Mittelpunkt, um welche alle Föderativstaaten kreisen und welcher in Zukunft allen freien und selbständigen Völkern die Freiheit im Innern und die Unabhängigkeit nach aussen sichern wird. Die Konstituierung des Bundesstaates ist eine *allgemein-kulturpolitische Aufgabe.*« (1866)

Troxlers erste Tätigkeit stand im Dienst der Helvetischen Republik 1798/99, seine letzte Arbeit war wiederum der Eidgenossenschaft gewidmet. Schon als Knabe erlebte er im Gespräch mit den französischen Emigranten: »Freiheit des Vaterlandes war meine erste Liebe.« In der Lebensmitte bekannte er: »Über alles geht mir die Lust, dem Vaterlande zu dienen«. Er starb im Bewusstsein der welthistorischen Aufgabe seines Vaterlandes.

Am 6. März 1866 erlag er in seinem Heim in Aarau einem Herzschlag. Der gerade versammelte Grosse Rat des Kantons Aargau unterbrach die Sitzung und erwies seinem ehemaligen Mitglied die letzte Ehre.

172

Dann deckte vollkommene Stille sein Grab für Jahrzehnte, bis Rudolf Steiner auf ihn aufmerksam machte. Seine Wiederentdeckung verdanken wir der Forschungsarbeit von Hans Erhard Lauer und Willi Aeppli, Curt Englert, Hans Werner Zbinden, Paul Jenny, Friedrich Eymann u.a. Um die biographische Erschliessung machten sich verdient: Alfred Götz, Iduna Belke, Emil Spiess u.a.

Dem Gedenken des Philosophen Troxler

Hans Erhard Lauer

Der zweihundertste Geburtstag Ignaz Paul Vital Troxlers am 17. August 1980 rechtfertigt es, ja verpflichtet, insbesondere innerhalb der Schweiz, dazu, ihm ein seiner geschichtlichen Bedeutung entsprechendes Gedenken zu widmen. Kommen ihm doch nicht nur als Politiker grosse Verdienste um die staatliche Neugestaltung zu, die die Schweiz um die Mitte des letzten Jahrhunderts erfahren hat, sondern ebenso hervorragende Leistungen als dem grössten Philosophen, den die Schweiz hervorgebracht hat! Wie aus den folgenden Ausführungen ersichtlich werden wird, die ihnen in spezieller Weise gewidmet sein sollen, haben diese Leistungen zudem für die Gegenwart und die Zukunft noch eine neuartige Bedeutung erlangt. In möglichst allgemeinverständlicher Darstellung sei hiefür zunächst ein kurzer Rückblick auf die Situation vorausgeschickt, welche in dieser Hinsicht die erste Hälfte des vergangenen Jahrhunderts kennzeichnete.

Im Übergang vom Mittelalter zur Neuzeit war die moderne Naturwissenschaft entstanden. Ihre stetig fortschreitenden Errungenschaften hatten sie immer mehr zum bestimmenden Faktor der neueren Geistesentwicklung werden lassen. Das hatte zur Folge, dass an die Stelle einer auf religiöse Glaubensvorstellung begründeten Auffassung von Welt und Mensch eine durch wissenschaftliche Forschung, und das hiess: durch experimentierende Sinneserfahrung und deren denkerische Verarbeitung bestimmte trat. Psychologisch betrachtet, kann diese Wandlung so charakterisiert werden, dass die vornehmlich gefühlsmässig geartete Seelen- und Lebenshaltung der vergangenen Jahrhunderte durch eine auf intellektuelle Erkenntnis und deren praktische Nutzung ausgerichtete abgelöst wurde.

Was diese Erkenntnis betrifft, so bilden die sie konstituierenden Elemente für den modernen Menschen, wie soeben erwähnt, einerseits die Inhalte der sinnlichen Erfahrung, andererseits die auf Grund derselben entwickelten Begriffe. In den ersteren erblickte man den Anteil, den die Welt hiezu beisteuert, in den letzteren denjenigen, der vom Menschen erzeugt wird. Damit aber fiel für die allgemeine Empfindung eine Zweiheit auseinander, was früher als Natur und Mensch noch eine Einheit gebildet hatte. Schon der Begründer der modernen Philosophie: René Descartes hatte die Welt in die zwei »Substanzen« gespalten: die »denkende« der menschlichen Seele und die »ausgedehnte« der Natur. Die Philosophie, die vormals als *Seinslehre* (Ontologie) das einheitliche Ganze der Welt und des Menschen umfasst hatte, verengerte sich dadurch mehr und mehr zur blossen *Erkenntnislehre,* welche die Beziehungen zwischen Wahrnehmen und Denken zu ermitteln als ihre Aufgabe betrachtete. Hinsichtlich der Lösung dieser Aufgabe bildeten sich immer entschiedener zwei gegensätzliche Richtungen heraus: einerseits die empiristisch-realistische, die vornehmlich in England (Bacon, Locke, Hume), und die rationalistisch-idealistische, die in Deutschland (Leibnitz, Chr. Wolf) vertreten wurde. Eine umwälzende Wendung versetzte der philosophischen Erkenntnislehre am Ende des 18. Jahrhunderts Immanuel Kant. Er sprach zwar der sinnlichen Erfahrung wie dem begrifflichen Denken in gleichem Mass Berechtigung und Unersetzlichkeit für die Erkenntnis zu, ordnete aber *beide* Elemente: Wahrnehmen und Denken einseitig und ausschliesslich dem *Menschen* zu. Das »Ding an sich« erklärte er als der Erkenntnis grundsätzlich unerfassbar. Den Erkenntnisprozess bezeichnete er in seiner Ganzheit als einen bloss innermenschlichen; dieser habe die logisch-kategoriale Ordnung der Wahrnehmungsinhalte zum Ziele, welch letztere als in den Formen von Raum und Zeit erscheinende ebenfalls durch die Struktur unseres Bewusstseins bestimmt sind. Mensch und Welt waren durch diese »Subjekt – Objekt – Spaltung« für die Erkenntnis nun gänzlich auseinandergerissen.

Diese Auslöschung aller früheren ontologisch-metaphysisch gearteten Philosophie rief neben den Bemühungen anderer Den-

ker vor allem die gewaltigen Anstrengungen der drei Hauptre-
präsentanten des »deutschen Idealismus«: Fichte, Schelling und
Hegel auf den Plan, die verlorene Einheit von Mensch und Welt
in neuer Art wiederzugewinnen. Hiefür suchten sie höhere Er-
kenntniskräfte zu entwickeln. J.G. Fichte entdeckte im »Denken
des Denkens« die für alle Philosophie als eine neue, innere,
geistige Erfahrung grundlegende »Tathandlung«. Durch diese er-
zeuge das »Ich« schöpferisch sich selbst als das Seiende schlechthin.
Es setze sich dann aus sich selbst heraus in der Sinneserfahrung die
Welt des »Nicht-Ich« entgegen und erreiche in der vor allem
willensmässig-moralischen Verwandlung derselben schliesslich
das letzte Ziel seines Werdens: seine vollständige Verwirklichung.
F.W.J. Schelling entdeckte in der von ihm betätigten »intellektuellen Anschauung« – als einer ebenfalls neuen, geistigen Erfahrung – die Einheit von Wahrnehmen und Denken als diejenige
von Mensch und Welt und er bildete daraus in der von ihm entwickelten Naturphilosophie ein System, das er als Identitätsphilosophie bezeichnete. Die Gipfelung des Weltprozesses erblickte er
im künstlerischen Schaffen des Menschen, in welchem die Einheit von Natur und Geist, von Welt und Mensch sich vollendet.
G.F.W. Hegel schliesslich enthüllte im Dreischritt der dialekti-
schen Entfaltung alles Begriffswesens (These, Antithese, Synthese
bzw. An sich, Für sich, An- und Für sich) den Weltwerdeprozess
von seinem Ausgangspunkt im Geist über die Bildung der Natur
bis zu seiner Kulmination im Ichwesen des Menschen. Auf diese
Weise erkämpfte er sich ebenfalls die einheitliche Wirklichkeit
von Natur und Mensch und erhob damit am wirkungsvollsten
das Denken zu einer höheren als seiner bisherigen Betätigung. So
vermeinten alle drei, vom Denken her, zwar in verschiedener
Weise: durch das Vorwalten des Willens bei Fichte, des Fühlens
bei Schelling, des Denkens bei Hegel, die Einheit von Mensch
und Welt wiedergewonnen und damit zugleich eine neue Stufe
der geistigen Entwicklung errungen zu haben. Hiebei hatte
Schelling vom Beginn an am entschiedensten zugleich die
Sinneserfahrung in dieses Ringen miteinbezogen.

Troxler, 1780 im katholischen Luzernischen Beromünster geboren, hatte nach schon kurzem Staatsdienst in der Helvetischen

Republik Ende 1799 für sein akademisches Studium die Universität Jena bezogen, welche durch die dortige Lehrtätigkeit der genannten drei Denker damals das weit ausstrahlende geistige Zentrum des philosophischen Lebens in Deutschland bildete. Da er neben der Philosophie als sein engeres Berufsfach Medizin studierte, wurde er bald begeisterter Anhänger und zugleich auch der geliebteste Schüler Schellings und veröffentlichte schon nach wenigen Jahren mehrere von dessen Naturphilosophie durchdrungene naturwissenschaftlich-heilkundliche Schriften (Ideen zur Grundlage der Nosologie und Therapie, Versuche in der organischen Physik, Grundriss der Theorie der Medizin, Über das Leben und sein Problem, Elemente der Biosophie). Ihm erschien aber auch Schellings Identitätsphilosophie, obwohl er sie unter den idealistischen Systemen nach wie vor am höchsten schätzte, bald zu einseitig vom begrifflich-ideellen Elemente bestimmt. Denn ihm eignete von Jugend auf ein intensives Erleben der *Natur* wie es in der schweizerischen Alpenwelt besonders beheimatet ist. Trotz seiner vielen Auslandreisen und -aufenthalte bestimmte es ihn später, seine geistige Mission lebenslänglich in seinem Geburtsland zu erfüllen. Hinzu kam durch den von ihm gewählten Arztberuf sein vornehmliches Interesse am Wesen des *Lebendigen*. Zugleich erfüllte ihn von Kindheit an eine tiefe *Religiosität*. Dies alles hatte zur Folge, dass er die in der lebendigen Natur waltenden schöpferischen Kräfte nicht bloss *materiell* empfinden konnte, sondern nur als irgendwie *göttlich-geistig* geartete.

Und so vertrat er in seinen ersten naturphilosophischen Schriften den Gedanken, dass alles Leben in der Polarität von Geist und Natur bestehe d.h. in der Spannung von Seele und Leib.

Mit Seele meinte er das Bewusstsein, mit Leib den Träger der vegetativ-chemischen Vorgänge. So schrieb er (in den »Versuchen in der organischen Physik«): »Das Leben besteht nur im normalen Kreislauf der zwei Welten. Es muss wachen, um Seele zu sein, und schlafen, um Leib zu bleiben. Wie der Wechsel von Tag und Nacht im kosmischen Verlauf begründet ist, ebenso gewiss ist Wachen und Schlafen nur ein Auf- und Untergehen der zwei Welten mit ihren Systemen in unserem Organismus. Der Schlaf ist der Genius der Vegetation und die Nacht die Mutter der Reproduktionen... Wie in der Nacht unter Dunkelheit und Stille die Vegetation ihre erste und tiefsten Wurzeln treibt, so erhebt sich im Schlaf unter Bewusstlosigkeit und Ruhe die Reproduktion am mächtigsten... Wachen ist die Lichtseite, Schlaf die Schattenseite dieses Lebens, – jenes ein Leben in Gott, dieses ein Leben in der Natur; ein wechselndes Leben, wie die Prinzipien der Menschheit fordern, bis es, in Unsterblichkeit und Tod entbunden, wieder im Leben des Alls zerfliesst.«

So suchte Troxler die sinnlich-geistige Einheit als eine schon in der leiblichen Natur des Menschen veranlagte zu erfassen. Im individuellen Lebenslauf erblickte er sie in jenem traum-, ja schlafhaften Erleben des Kindes, das seinem Erwachen zur Erkenntnistätigkeit vorangeht. Mit diesem Erwachen erfolgt die Entzweiung in Wahrnehmen und Denken, in Sinnliches und Geistiges, – aber nicht als Trennung von Mensch und Welt, sondern lediglich als Differenzierung innerhalb des Bewusstseins. Und in dieser Tatsache schien für Troxler auch die Möglichkeit begründet, diese Differenzierung wieder zu überwinden auf jener noch höheren Stufe der Entwicklung, welche die drei grossen Denker des Deutschen Idealismus in verschiedener Nuancierung erstrebt hatten. Am einseitigsten hatte dies Hegel aus dem Elemente des Begrifflichen heraus versucht. Er hatte dadurch aber die Kräfte des Denkens so überfordert, dass seine Entwicklung zum Stillstand kam. Darum entzweiten sich auch gerade Hegels Schüler nach seinem Tode in zwei gegensätzliche Gruppen: in die der »Rechten«, die in einem blossen Epigonentum verharrten (K. Rosenkranz, E. Zeller, K. Fischer) und die der »Linken«, die sich ganz dem sinnlichen Empirismus zuwandten (Br. Bauer, H.Czolbe, L. Feuerbach).

Troxler gelangte auf seinem Forschungswege dazu, *drei Stufen* zu unterscheiden, die hinsichtlich der Bewusstseinsentwicklung im Menschen veranlagt sind: eine ursprüngliche schlafhafte, »untersinnliche«, – sodann die eines Wachens, das sich in Sinneswahrnehmen und Denken polarisiert, – schliesslich die höchste eines »übersinnlichen Geistes« bzw. »übersinnlichen Sinnes«; diese auszubilden betrachtete er als die geschichtliche Zukunftsaufgabe.

Auf ihr erlebt sich der Mensch wieder als eins mit der Welt und zugleich als ihre Zusammenfassung, als den Mikrokosmos. Damit erfasste er in bisher nicht unterschiedener Art die *Totalität* des Menschen. Anthropologie, Philosophie und Theosophie vereinigten sich zu dem, was er *»Anthroposophie«* nannte. Er sah diese Totalität des Menschen, die bewusstseinsmässig drei Stufen umfasst, strukturell sich in eine *Vierheit* (Tetraktys) gliedern, die sich ihm in folgendem Schema verbildlichte:

Geist

Seele   Leib

Körper

Hiebei erblickte er in der vertikalen Beziehung den Prozess der durch die drei erwähnten Stufen fortschreitenden *Steigerung,* in der Horizontalen den Prozess der *Polarisierung,* welche die mittlere Stufe des ersteren kennzeichnet. Auf der ersten Stufe der Entwicklung erlebt der Mensch noch unterbewusst die Welt als Einheit von Gott-Natur und sich selbst als Glied derselben von körperlich-geistiger Einheit, – auf der zweiten erfährt er sich selbst, zum Bewusstsein erwacht, als die Zweiheit von Leib und Seele in Wahrnehmen und Denken und stellt sich der Natur gegenüber, wobei aber in dieser Gegenüberstellung nur die innere Polarisierung seiner selbst sich widerspiegelt, – auf der dritten erschaut er überbewusst sich selbst als Geist und verwandelt in diesen den Leib durch dessen Auferstehung und die Erde in das Reich Gottes, zu welchem durch Christus der Grund gelegt wurde. Dieses Gesamtbild des Wesens und der Entwicklung des Menschen brachte Troxler erstmals zur Darstellung in seinem 1812 erschienenen Buche *»Blicke in das Wesen des Menschen«,* das für seine ganze weitere philosophische Wirksamkeit grundlegend geblieben ist.

Nach mehreren Aufenthalten im Ausland (Göttingen, Berlin, Wien) übte Troxler in den folgenden Jahren teils in Aarau, teils in Beromünster in erster Linie seinen Arztberuf aus, sehnte sich aber dabei mehr und mehr nach einer philosophischen Lehrtätigkeit. Die Möglichkeit einer solchen eröffnete sich ihm dann im

Jahre 1819 in Luzern. Sie fand aber infolge von politischen Auseinandersetzungen, in die er sich durch die damals herrschende
politische Reaktion verwickelte, schon nach wenigen Jahren ein
Ende. Darauf ermöglichte ihm Heinrich Zschokke eine pädagogische Wirksamkeit an einer freien Schule in Aarau (Aargauer
Lehrverein), die einige Jahre zuvor auf seine Initiative hin entstanden war. Bald wurde Troxler zur Seele dieses Schulbetriebs
und konnte, neben der Fortsetzung seiner ärztlichen Wirksamkeit, seine Unterrichtstätigkeit noch erweitern durch die Übernahme eines Lehrauftrags auch an der Aargauer Kantonsschule.
Dabei unterrichtete er neben den naturwissenschaftlichen Fächern auch Sprach- und Literaturforschung sowie Philosophie.
Gemäss dem Charakter, den die letztgenannte in ihm angenommen hatte, ging es ihm auch in der Erziehung aufs entschiedenste
um die leiblich-seelisch-geistige *Totalität* des Menschen. Ihn nicht
zum blossen Spezialisten, sei es als Naturwissenschafter oder als
Historiker, sondern in der Ganzheit seiner Fähigkeiten zu bilden,
und zwar nach den inneren Gesetzen seiner Entwicklung, darin
sah er die Aufgabe der Erziehung und praktizierte sie demgemäss.
Ausserdem sollte sie eine *freiheitliche,* nicht durch Staat und Politik
bestimmte sein. Ihre einzige Grundlage erblickte er im Elternrecht. Denn »der erste Erzieher ist das Haus und das Familienleben. Der Organismus der Schule steht weit über denen von
Kirche und Staat. Diese ruhen auf der Schule, darum tritt sie
zuerst auf. Nur der Anthroposoph kann Pädagoge sein, und dies
sollte jeder Mensch sein«, so heisst es in einer seiner damaligen
pädagogischen Publikationen.

In den letzten Jahren (1826-29) seiner Aargauer Lehrtätigkeit
erschienen seine beiden philosophischen Hauptwerke *»Naturlehre
des menschlichen Erkennens oder Metaphysik«* und seine *»Logik«.* In
ihnen fand seine zur »Anthroposophie« fortgebildete Philosophie
ihre umfassendste Ausgestaltung. Aus ihren Darstellungen sei im
Folgenden einiges Spezielle genauer wiedergegeben.

Was zunächst die bewusste *Erkenntnis* betrifft, so kennzeichnete Troxler sie auch weiterhin als die schon erwähnte Einheit
von Begriff und Sinneserscheinung, von Subjekt und Objekt,

von Denken und Wahrnehmen, die aber diese Momente doch in einem bestimmten Sinn als Gegensätze in sich enthält. Nur wurden nach seiner Meinung diese Gegensätze bisher von den Philosophen immer falsch gedeutet. Sie sind nur durch und für die Erkenntnis und beziehen sich nur auf ihr Zustandekommen, haben aber keine absolute Bedeutung. »Es muss eingesehen werden, dass alles Sein sowie aller Schein, alles Objektive und Subjektive nur im Erkennen liege. Sie sind nur Erscheinungsweisen, nicht Wirklichkeiten, – nur Entwicklungswege, nicht Erkenntnisquellen, denn hätten diese Begriffe auch abgesehen von der Erkenntnis an und für sich eine Bedeutung, dann wäre Erkenntnis überhaupt nicht möglich. Sie müsste dann nämlich darauf ausgehen, das Objektive als Objektives d.h. aber wie es an sich ist, abgesehen von ihr zu erfassen. Sie müsste sich selbst gleichzeitig auslöschen und doch Erkenntnis bleiben.«

Die Aufgabe der Erkenntnis kann also nicht darin bestehen, die Dinge der Welt zu ergreifen, wie sie »an sich« sind: das hiesse erkennen ohne zu erkennen. Der Mensch kann die Welt nur so erkennen wollen, wie sie sich für ihn darstellt. Denn erst innerhalb der Erkenntnis hat es überhaupt einen Sinn, Subjektives und Objektives, Mensch und Welt voneinander zu unterscheiden. Damit ist für Troxler Wichtigstes ausgesprochen. Der Mensch kann zwar seine Erkenntnis nicht überspringen. Allein er braucht dies auch nicht zu wollen, wenn er nur deren Bedeutung und Würde richtig versteht. Ihre Hauptbedeutung liegt nicht so sehr im Objekt oder Subjekt als vielmehr in ihrem realen Sichvollziehen. Die Erkenntnis ist als Faktum, als Teilprozess innerhalb des allgemeinen Weltprozesses, zugleich dessen Gipfelpunkt und Vollendung, weil in ihr alle seine Elemente, die sich von ihrem gemeinsamen Ursprung hinweg voneinander getrennt haben, wiederum zur Einheit vereinigt werden. Und dass die menschliche Seele der Schauplatz dieses Aktes sein darf, gibt ihr ihre besondere Würde. In der Erkenntis sprechen die Dinge der Welt durch den Menschen ihren Namen aus. Sie ist die geheimnisvolle Kraft, die das Universum aus seinem Stummsein entzaubert. So ist der Mensch als Erkennender der Schlüssel zum Universum. Er ist das Buch, in dem alle Geheimnisse der Welt aufgezeichnet sind.

Was nun das *Werden*, den *Vollzug* der Erkenntnis betrifft, so unterscheidet Troxler, wie schon angedeutet, drei Stufen desselben. Als erste die untersinnliche, als zweite die in Sinnlichkeit und Vernunft sich polarisierende, als dritte die übersinnliche. Die untersinnliche Erkenntnis oder das »Urbewusstsein« des Menschen bildet den Anfang seiner Erkenntnisentwicklung. Sie ist wesentlich nach innen gerichtet als ein Wahrnehmen eigener Zustände und Veränderungen und kann deshalb auch als ein Körperbewusstsein bezeichnet werden. Als ein traumartiges Bilder-Erleben ist es die noch ganz ungeschiedene Urkraft des Erkennens. Es ist der Bewusstseinszustand des Tieres, in anderer Art auch des Kindes. Es ist die Kraft, die im Gehen- und Sprechenlernen in ihm wirkt und seine Sinne der Aussenwelt entgegenwachsen lässt. Der erwachsene Mensch kann in dieses Urbewusstsein zurückfallen in den Zuständen des Somnambulismus, des atavistischen Hellsehens, das eigentlich ein »Dunkelsehen« genannt werden sollte, da es einen Rückfall in eine grössere Abhängigkeit vom eigenen Körper darstellt, als sie im normalen Bewusstsein vorhanden ist.

Auf der Stufe der Sinnlichkeit erst schliesst sich der Mensch der Aussenwelt auf. Als die Mittagshöhe des Erkennens kann diese Stufe bezeichnet werden. Sie charakterisiert sich dadurch, dass sie sich in allen ihren Betätigungen polarisch äussert: im Gegensatz von Rezeptivität und Spontaneität, von Sinnlichkeit und Vernunft. Hier handelt es sich darum, von den gegensätzlichen Erscheinungen nicht die eine *oder* andere als Grundprinzip zu betrachten, sondern überall die eine *und* andere in ihrem Zusammenwirken ins Auge zu fassen. Die Doppelwesenheit des Menschen findet einen bestimmten extremen Ausdruck in dem Wechsel von Wachen und Schlafen. Dieser – schon in anderem Zusammenhang erwähnte – Tatbestand wird für Troxler hier für die weitere Untersuchung wegleitend. Er erhellt die Bedingtheit unseres gewöhnlichen Bewusstseins durch die angrenzenden Sphären der Erkenntnis: der Schlaf ist mit der untersinnlichen Erkenntnis verwandt, der Wachzustand trägt die Tendenz zu einem noch höheren Erwachen in sich. In der Mitte zwischen ihnen aber steht der *Traum* bzw. die *Phantasie*. Man könnte diese als die innerliche Seite der mittleren, in Polaritäten sich betätigenden Gestaltung des Bewusstseins betrachten und damit als den eigentlichen Mittelzustand der Gesamtnatur des Menschen. Nicht umsonst wurde darum die Kunst, die diesem Zustand entstammt, als die reinmenschlichste unter den Betätigungen des Menschen betrachtet.

Das übersinnliche Vollendungsbewusstsein oder willkürliche hellseherische Schauen, als dessen Organ Troxler bald den übergeistigen Sinn oder übersinnlichen Geist, bald auch das *Gemüt* bezeichnet, kann erreicht werden durch die Konzentration aller Seelenkräfte. In ihm erreicht die Urerkenntniskraft ihre höchste Entfaltung und kehrt zugleich vollkommen in die Einheit mit sich selbst zurück. Hier vereinigen sich Vernunft und Sinnlichkeit, Philosophie und Anthropologie zur Anthroposophie, welche die eine und ganze Menschennatur nicht mehr in ihrer Zersplitterung, sondern in ihrem Zentrum erfasst und ihre Wesensgleichheit mit dem Göttlichen enthüllt.

Troxler kommt hier auf die *Vierheit* zurück, in welche sich in struktureller Hinsicht die Menschennatur gliedert: Körper, Leib, Seele, Geist. In jedem der vier Glieder ist sie in ihrer Ganzheit gestaltend wirksam. Der *Körper,* worunter alles sinnlich Wahrnehmbare verstanden wird, ist das unterste Glied der menschlichen Wesenheit. Er wir organisiert und in seinen Lebensfunktionen erhalten, zum Wachstum und im Alter zur Rückbildung gebracht von dem in ihm lebenden Leib oder der Leib-Seele. Aber er ist in seiner Struktur der Ausdruck aller vier Wesensglieder des Menschen und nur als solcher in seiner Organisation verständlich. Es sind in dieser Hinsicht auch an ihm vier Systeme zu unterscheiden:

1.) Das System der *Spiration,* in zweifacher Weise funktionierend: nach innen gerichtet in Herz- und Lungentätigkeit, nach aussen in der Hautatmung. Es ist mit dem Blut als der vergeistigtsen Materie Ausdruck des Geistes.

2.) Das System der *Reflexion*, Gehirn, Rückenmark, Nerven umfassend, sich äussernd in Rezeption und Reaktion. Es ist Ausdruck der Seele.

3.) Das System der *Digestion*, umfassend das Gedärm und die

Lymphgefässe, ist wirksam in Alition und Sekretion. Es ist Ausdruck des Leibes.

4.) Das System der *Vegetation* oder *Existenz.* Sein vorzüglichstes Organ ist das Zellgewebe überhaupt mit seinen vielfältigen Gebilden, welche dem Organismus besonders in seiner Beziehung zur Aussenwelt dienen, sozusagen nur der körperlichen Existenz wegen da sind und von jeher vorzüglich unter dem teleologischen Gesichtspunkt des äusseren Gebrauchs, der Bedeckung, des Schutzes, der Bequemlichkeit, usw. angeschaut wurden wie z.B. Epidermis, die Haare, die Nägel, die Zähne.

Was nun das nächste Glied des Menschen betrifft: den *Leib,* so darf er nicht mit dem Körper verwechselt werden, sondern stellt ein selbständiges, den letzteren organisierendes Prinzip dar, das ausserdem der Träger aller unbewussten, unwillkürlichen Tätigkeiten, Empfindungen, Triebe ist.

Im Gegensatz zu ihm bildet die *Seele* die eigentliche Sphäre unseres selbstbewussten, freitätigen Denkens, Fühlens, Wollens, Handelns. Das Wachbewusstsein kann daher in einem prägnanten Sinne auch als Seelenbewusstsein bezeichnet werden im Gegensatz zum Leibesbewusstsein, als welches wir den Schlafzustand aufzufassen haben. Endlich gehören Körper und Leib der räumlichen Welt an, aber so, dass der Körper *im* Raum und ihm unterworfen d.h. örtlich ist, während der Leib *über* dem Raum, sich den Raum unterwirft d.h. allanwesend ist. Wie Körper und Leib zum Raum, so verhalten sich Seele und Geist zur Zeit. Die Seele lebt *in* der Zeit und ist ihr unterworfen. Sie ist zeitlich. Der Geist lebt *über* der Zeit; er ist unsterblich, ewig.

Er allein ist wahrhaft frei, in totalem Gegensatz zu dem ganz dem Gesetz der Notwendigkeit unterworfenen Körper. In ihm kehren alle Kräfte und Fähigkeiten aus ihrer Zerstreuung in die Einheit zurück und erheben die Menschennatur zur höchsten Innewerdung ihrer selbst. In diesem Vollendungsbewusstsein ist der Mensch von seinem Körper frei; mit Recht hat daher eine ältere Philosophie und Mystik diese Stufe der Erkenntnis als ein Durchgehen durch den »philosophischen Tod« bezeichnet. Ebenso ist dieses innerste Selbst des Menschen tranzendent in Bezug auf Vernunft und Reflexion; das seelische Ich des Selbstbewusstseins und das leibliche des Selbstgefühls sind nur ein gebrochener Widerschein von ihm. Trotzdem ist es keineswegs übernatürlich, vielmehr selbst erst der innerste Kern der Menschennatur, welche sich allerdings in ihm als eine göttlich-menschliche enthüllt.

Aus diesem Wesensbild des Menschen ergab sich einerseits Troxlers Stellung zu den Fragen der *praktischen Philosophie,* der *Erziehung* und des *Rechts.* »Wir sagen also: in Wahrheit existieren im Menschenreich nur Individuen.« Das menschliche Individuum ist deshalb zugleich Quell und einziger Zweck alles sozialen Lebens. Erziehung und Bildung, Einrichtungen und Formen des Gemeinschaftslebens haben darum kein anderes Ziel als die Ausbildung möglichst vollkommener, freier Individuen. Daher war Troxler in politischer Hinsicht immer ein entschiedener Gegner des monarchischen oder absolutistischen Systems und trat auch in seinem Vaterlande stets aufs energischste für die Wahrung der republikanischen Staatsform ein.

Schliesslich bedingte diese Anschauung über die menschliche Individualität auch Troxlers Stellung zur Frage der *Unsterblichkeit* und sein Verhältnis zur *Religion.* Die menschliche Natur ist nicht etwa, wie die tierische Natur gegenüber dem einzelnen Tier, als Gattung gegenüber dem Individuum als etwas über ihm schwebendes Umfassenderes zu betrachten, sondern ist real nur in den einzelnen Individuen. Diese umfassen aber in ihrer psychophysischen Organisation, deren Aufbau im Vorangehenden dargestellt wurde, sowohl Diesseits wie Jenseits. Freilich erfasst die menschliche Individualität erst als Geist sich selbst, als die eine Urkraft, die ihr Leibes- und Seelengefüge aufgebaut hat und durchwest. Nur in bezug auf den Geist kann also die Frage nach der Unsterblichkeit sinnvollerweise gestellt werden, nicht in bezug auf die »endliche Persönlichkeit«. Da aber das Bewusstsein von der wahren geistigen Individualität schon in älteren Zeiten immer verdunkelt wurde und heute im allgemeinen noch nicht wieder erwacht ist, so verlegte man das ewige Leben entweder, wie in den älteren Zeiten, zurück in ein vorgeburtliches Leben oder in neuerer Zeit, ein künftiges Erwachen vorahnend, in ein künftiges nachtodliches Dasein. »Plato sah – als letzter – lebensfroh in die

Vergangenheit und gleichsam in die Unterwelt zurück. Er erkannte die menschliche Seele nur in ihrem Ursprung, und der Quell all seiner Erkenntnis war Erinnerung; Sokrates dagegen warf – als erster – den sterbenden Blick in die nahe Zukunft, in die ihm vorschwebende Oberwelt empor. Er sah die menschliche Seele in ihrer Vollendung und dies sein Wissen entsprang ihm nur in Annäherung zu dieser. Und so war die alte und neue Philosophie, die sich über die bloss irdische und sinnliche Welt erhob und das Göttliche suchte, gleichsam immer in der Irre zwischen diesen zwei Bewegungen, deren eine das Göttliche nur im Ursprung vor der Geburt des Menschen sehend es ihn in der Welt verlieren, die andere das Göttliche nur in seiner Vollendung schauend es ihn nicht in der Zeit, sondern erst nach seinem Ende im Tode finden liess. Aber wie könnte das Menschliche dereinst in das Göttliche auf- und übergehen, wenn nicht das Göttliche diesseits und wirklich schon im Menschen weste und lebte?

Die Unsterblichkeitsfrage kann somit in einer befriedigenden Weise überhaupt erst angefasst werden auf dem Boden einer Anschauung, die im Menschen eine zwar transzendente, übervernünftige, aber nicht übernatürliche geistige Individualität erfasst. Denn für die Fortdauer des bloss vernünftigen Selbstbewusstseins als solchen bürgt nichts. Bezeichnet man aber das Leben des Menschen in der Unvergänglichkeit und Göttlichkeit als »ewiges Leben«, als das »Himmelreich«, so ist dies zwar ein »Jenseits«, aber nicht in zeitlichem Verstande, sei es vor der Geburt oder nach dem Tode, sondern in wesenhaftem Sinne: Die wahre Individualität des Menschen lebt schon *hier* im »Himmelreich«, im »Jenseits«, ja sie tritt gar nicht aus dem Jenseits heraus, sondern wirft nur ihr getrübtes Spiegelbild in das Diesseits der Erscheinungswelt herein. Daher kann der Mensch schon in diesem Leben in das »Himmelreich« eingehen: in dem Durchgehen durch den »philosophischen Tod«, in der Selbstinnewerdung, in der wahren Rückkehr aus seiner Entäusserung in sich selbst. Diese Sehnsucht nach Wiedervereinigung mit sich selbst d.h. zugleich mit dem Göttlichen ist *Religion*. Es gibt im Grunde nur *eine* Religion. Und alle Religionsbekenntnisse, die im Laufe der Weltgeschichte aufgetreten sind, auf wie mannigfaltigen Wegen sie dies auch gesucht haben mögen, sei es in der Erinnerung an ein verlorenes Paradies, sei es in der Vorbereitung auf eine künftige Seligkeit, haben nur dies Eine zum Inhalt: Wiedervereinigung des Menschen mit seinem göttlichen Selbst, nachdem er durch das Hinabsteigen in die Erscheinungswelt von ihm abgefallen ist. Ihre vollkommenste Offenbarung und zugleich ihre Vollendung hat aber die Religion im *Christentum* gefunden: einerseits in Christus selbst, im Gott-Menschen, in dem die Ausprägung der göttlichen Natur in der irdischen Erscheinung des Menschen und die Durchdringung seines göttlichen und irdischen Wesens ihre höchste Vollkommenheit erreicht hat, und andererseits in der *Lehre* von der inneren Wiedergeburt, deren Ziel das »ewige Leben«, das »Himmelreich« ist, und die den Ur- und Grundgedanken der christlichen Religion darstellt. Dieses Wesen der christlichen Religion und damit der Religion überhaupt verkennen ebenso die Rationalisten, die es zu einer Religion »innerhalb der Grenzen der Vernunft« verdünnen wollen, wie auch die Supranaturalisten, die die Religion als etwas Ausser- oder Übermenschliches ansehen. Die ersteren haben die Tendenz, die religiösen Wahrheiten in reine Vernunftwahrheiten umzuwandeln, und vergöttern damit die menschliche Vernunft; diese tendieren darnach, das durch Bibel, Kirche und Tradition Gegebene zu vergöttern, den Menschen dagegen und seine Erkenntnis ihrer Göttlichkeit ganz zu berauben. Und so wirkt die Religion beider, ihrer eigentlichen Natur zuwider, dahin, Gott und den Menschen voneinander zu trennen. Es gehört aber zum Wesen der Religion, dass sie aus höheren Regionen stammt und auch nach solchen höheren Regionen hinstrebt, als die bloss vernünftige ist; dass sie aber trotzdem nichts ausser- oder übermenschliches, sondern eine durchaus und nur menschliche Angelegenheit ist, zum Wesen des Menschen notwendig gehört. Man wird daher die Religion und ihr Verhältnis zu den anderen Geistgebieten allein dann verstehen können, wenn man die menschliche Natur weiter und umfassender als nur vernünftig vorstellt.«

Im Jahre 1830 erlangte Troxler eine philosophische Professur an der Universität Basel, nachdem er verschiedene Berufungen, die ihm von deutschen Universitäten zuteil geworden waren, abgelehnt hatte. Aber auch da verwickelte er sich, durch die damalige Spaltung des Kantons in Basel-Stadt und Basel-Land, bald wieder so heftig in politische Auseinandersetzungen, dass er schon nach knapp zwei Jahren auch diese Stellung verlor. Als 1834 die Universität Bern begründet wurde, berief man ihn als ersten Lehrer der Philosophie an sie und beauftragte ihn sogar, zu ihrer Gründungsfeier die Festrede zu halten. Dort wirkte er noch durch zwei Jahrzehnte als Professor bis in sein 74. Jahr und veröffentlichte während dieser Zeit als sein letztes Hauptwerk die *»Vorlesungen über Philosophie«*. In diesem kam immer stärker die Einswerdung von Philosophie und christlicher Religion zur Auswirkung in dem Sinne, in welchem er die letztere verstand durch die neue Form, zu welcher er die erstere erhoben hatte. »Wir haben uns den wesenhaften und lebendigen Geist des Christentums, welcher war, ehe es eine Bibel und Kirche gab, und von dem sie selbst ausgegangen sind, nach keiner der empirischen oder rationalen Psychologien zugeschnitten, welche von dem besten Teil der menschlichen Natur, dem wahren Selbst des Menschen, nichts wissen. Wir haben auch ebensowenig einen Übergang der Vernunftwahrheit in die Offenbarung gelehrt, als eine Gefangennehmung der Vernunft unter den Glauben. Aber eine Physiologie der einen und ganzen Menschennatur haben wir gesucht und gefunden, welche auch, um die Lehren des alten und des neuen Testaments zu erfassen und zu erklären, hoch und weit genug ist. Nur diese umfasst den Menschen von einem Ende zum andern, schliesst weder Adam noch Christum, weder den alten äussern noch den neuen innern Menschen aus, offenbart uns auch die übernatürlich genannte Natur, welche aber nichts anderes als die höchste, idealste und realste Natur selbst und das verborgene göttliche Wesen des Menschen ist. Auf dieser Ansicht beruht denn auch unsere Lehre von der Umwandlung, welche Christus im Evangelium seinen Nikodemus als Wiedergeburt im Geiste lehrte, und deren Ziel und End dasjenige ist, was dort Himmelreich und ewiges Leben heisst, und was wir ebensowenig über die Natur des Menschen hinausgelegt als in das blosse Erscheinungs-Ich herabgezogen haben, sondern als das wahre, jenseits des Ich liegende Selbst betrachten, das aber auch im Diesseits sein und walten soll... Diese lebendige Berührung und dieser innige Zusammenhang in der eigentlich übersinnlichen Sphäre der Menschennatur ist uns das Punktum saliens, in welchem die höhere Philosophie und das christliche Evangelium einander durchdringen.«

In einer Reihe von Schriften versuchte Troxler denn auch, sich für die Verbreitung dieses »neuen Verständnisses der alten Lehre des Christentums« einzusetzen. Er gab 1837 das lange Zeit irrtümlich Johannes Tauler zugeschriebene Kleinod mittelalterlicher deutscher Mystik *»Die deutsche Theologie«* neu heraus. Durch die Neuausgabe dieser Schrift, in welcher er die Grundlehren des Christentums neben dem Evangelium am reinsten und lautersten dargelegt hielt, hoffte er ganz besonders, einer höheren Auffassung der christlichen Lehre Bahn brechen zu können. In der Vorrede zu dieser Neuausgabe sprach er sich dahin aus, es tue not, »dass die von Christus durch seine Lehre und sein Leben ans Licht gebrachte Idee des im natürlichen liegenden übernatürlichen Menschen, oder des durch ihn im Geiste und Fleisch geoffenbarten Gottmenschen zum Prinzip der unter sich vereinigten Religion und Philosophie als des dritten uns verheissenen Evangeliums, des Evangeliums des heiligen Geistes gemacht werde.«

Seine dahinzielenden Bemühungen fanden aber kein der Erwähnung wertes Echo. So hoch er in den ersten Jahren seiner Berner Wirksamkeit als Philosoph noch geschätzt worden war, im weiteren Fortgang derselben, um die Jahrhundertmitte, gelangte mit dem Umschwung von der idealistischen Philosophie und der Romantik zum sensualistischen Positivismus und zur Ausbreitung der Naturwissenschaft die materialistische Weltauffassung allgemein zur Herrschaft. Und so wurde es um Troxlers philosophisches Wirken stiller und stiller. Seine Lehre erschien jetzt als ein letzter Nachklang der Romantik und schied aus dem Bewusstsein der Repräsentanten jener Jahrzehnte bis zum völligen Vergessen aus. Mit ihr auch die Persönlichkeit Troxlers. Das letzte Jahrzehnt seines Lebens, das er nach dem Abschluss seiner Lehrtätigkeit in äusserster Vereinsamung in Aarau verbrachte, war sein Name völlig verklungen und blieb es bis in die 20er Jahre unseres Jahrhunderts.

Ganz ähnlich war es einer Reihe von Denkern ergangen, die in dem, dem seinigen verwandten, Sinne, zum Teil noch bis gegen das Ende des 19. Jahrhunderts der materialistischen Weltanschauung in dem sogenannten »spekulativen Theismus« eine spiritualistische entgegengesetzt hatten. Der universellste unter ihnen war wohl der mit Troxler lebenslang befreundete Immanuel Hermann Fichte, der Sohn Johann Gottlieb Fichtes. Sie alle (I. Sengler, M. Carrière, A. Smetana, W.H. Preuss, C.Chr. Planck, K.J. Schröer u.a.) waren in der einen oder anderen Art von der Überzeugung durchdrungen, dass einerseits in der dichterischen Klassik, andererseits in der idealistischen Philosophie des Goethe-Zeitalters neue Impulse der menschlichen Geistesentwicklung in Erscheinung getreten waren, die sich aber noch nicht voll hatten verwirklichen lassen. Zur Fortbildung derselben lieferten sie mannigfaltige bedeutende Beiträge. Doch verfiel auch die ihnen entstammende Literatur bald gänzlicher Vergessenheit. Freilich war auch damals die Zeit noch nicht gekommen, in der diese Fortbildung voll verwirklicht werden konnte. Die naturwissenschaftliche Forschung, von einer rein materialistisch-mechanistischen Weltauffassung geprägt, lebte sich nun voll aus. Durch sie entwickelte sich eine zuvor nie dagewesene Beherrschung, Nutzung und Ausbeutung der Stoffe und Kräfte der Natur. Die erwähnten Denker erhofften demgegenüber für eine kommende Zeit das Erwachen neuartiger, höherer Fähigkeiten. So kennzeichnete sich auch Troxlers Philosophie bzw. Anthroposophie dadurch, dass er ihre charakteristischen Merkmale zwar deutlich und bestimmt umschrieb, aber doch bloss programmatisch bzw. prophetisch verkünden, noch nicht vollwirklich realisieren konnte. Darum erschien er, wie schon erwähnt, je länger, desto mehr als blosser Nachzügler mittelalterlicher Mystiker bzw. neuzeitlicher Romantiker. So wurde er selbst noch in jüngster Zeit in der umfangreichsten und detailliertesten, 1100 Seiten umfassenden, 1967 von Emil Spiess veröffentlichten Darstellung seines Lebens und Wirkens charakterisiert.

Zwar hatte schon in den 20er Jahren unseres Jahrhunderts eine

Troxler-Renaissance eingesetzt, aber zunächst fast ausschliesslich innerhalb der anthroposophischen Bewegung, wie sie im Beginn unseres Jahrhunderts völlig unabhängig von Troxler durch *Rudolf Steiner* begründet worden war. Immerhin hatte ihr Begründer bereits in den zwei ersten Jahrzehnten desselben mehrfach auf Troxler hingewiesen. In den folgenden Jahrzehnten wurden die drei wichtigsten Schriften Troxlers von Schülern Steiners neu herausgegeben: die »Blicke in das Wesen des Menschen« (H.E. Lauer), die »Naturlehre des menschlichen Erkennens oder Metaphysik« (W. Aeppli), die »Vorlesungen über Philosophie« (F. Eymann). Aus der Fülle ungedruckten literarischen Nachlasses, der bei Nachkommen Troxlers noch gefunden werden konnte, veröffentlichte W. Aeppli ferner noch bedeutende »Fragmente«.

Aus all diesen Neuveröffentlichungen von Troxlers Schriften wird eindeutig ersichtlich, dass die wesentlichste geistige Verwandtschaft, die zu seiner Philosophie besteht, nicht nur des gleichlautenden Namens »Anthroposophie« wegen, sondern durch die Sache selbst diejenige mit der von Steiner in unserem Jahrhundert begründeten Geistesschöpfung darstellt. Dies würde Troxler selbst heute zweifellos aufs entschiedenste und freudigste bestätigen. Hat er doch die weitere Entwicklung der von ihm konzipierten »Anthroposophie« immer wieder als eine Aufgabe der *Zukunft* bezeichnet! Es besteht jedoch zwischen den beiden Anthroposophien diese Verwandtschaft nicht nur hinsichtlich ihres Wesens, ihrer Ziele, sondern vor allem durch die Tatsache, dass, was Troxler noch mehr oder weniger als blosses Programm bzw. in skizzenhafter Form entworfen hatte, ganz selbständig durch Steiner erst vollkommen verwirklicht und in umfänglichstem Mass ausgestaltet wurde: angefangen mit einer Erkenntnistheorie, die sich besonders mit Goethes Naturforschung, mit Kants Kritik der reinen Vernunft, mit Fichtes Wissenschaftslehre, schliesslich mit dem Neukantianismus vom Ende des 19. Jahrhunderts (O. Liebmann, H. Volkelt, Ed. v. Hartmann) auseinandersetzte. Dann folgte eine »Philosophie der Freiheit«, ferner Auseinandersetzungen mit Fr. Nietzsche und E. Haeckel, eine Darstellung der »Mystik im Aufgang des neuzeitlichen Geisteslebens«. Den Erkenntnisweg der Anthroposophie schilderte dann das methodische Grundwerk »Wie erlangt man Erkenntnisse der höheren Welten?«, – die Wesensgliederung des Menschen mit besonderm Hinblick auf sein Ich-Wesen, seine Individualität, stellte systematisch das Buch »Theosophie« dar, die kosmisch-menschliche Evolution die »Geheimwissenschaft im Umriss«, schliesslich eine Christosophie im Sinne des neuen, des Evangeliums des heiligen Geistes eine Vielzahl von Vortragsreihen. Aber nicht nur der Erkenntnisweg und der Erkenntnisinhalt der »anthroposophisch orientierten Geisteswissenschaft«, wie Steiner sie auch nannte, gelangten durch ihn in solchem Umfang zur Darstellung. In gleichem Mass begründete er auch schöpferische praktische Auswirkungen derselben für die verschiedensten Lebensgebiete, durch welche anstelle der Entmenschlichung, welche sie durch den Materialismus und moralischen Nihilismus unserer Zeit erlitten haben, ihrer Widervermenschlichung gesetzt wurde: so die Ausbildung neuer Stilformen für sämtliche Künste, – neue Methoden der Erziehung, die heute schon in Hunderten von hiefür begründeten Schulen in allen Erdteilen praktiziert werden, – die Entwicklung einer neuen Medizin, die in anthroposophischen Kliniken gepflegt wird – eine neue Methode der Landwirtschaft, eine neue Sozialwissenschaft, – um nur einiges Hauptsächlichste zu nennen. Das Zentrum dieser qualitativ und quantitativ also ausgebreiteten geistigen Bewegung bildet die auf Schweizer Boden (Dornach bei Basel) errichtete, seit sechs Jahrzehnten bestehende »Freie Hochschule für Geisteswissenschaft«.

Zwar wird heute von der innerhalb der akademischen wissenschaftlichen Forschung immer noch herrschenden materialistischen Weltauffassung auch die Steinersche Anthroposophie noch abgelehnt und ignoriert. Aber das gibt heute kein Recht mehr dazu, im Zusammenhang mit einer dem Gedenken Troxlers gewidmeten Darstellung die Beziehung zwischen der seinigen und der Steinerschen Anthroposophie totzuschweigen, wie es noch in der erwähnten mit so ausserordentlicher Umfänglichkeit und Detailliertheit ausgeführten Spiess'schen Troxler-Biographie geschehen ist. Denn jene Linie der neuzeitlichen Geistesentwicklung, in der Troxler drinnen steht, hat nun einmal in unserem Jahrhundert in der Steinerschen Anthroposophie eine sinngemässe produktive Fortsetzung erfahren. Und das heute noch übliche Ignorieren der letzteren beweist ebensowenig, dass sie eine bedeutungslose Sektiererei ist, wie – wenn hiefür Kleineres mit Grösserem verglichen werden darf – die anfängliche 300-jährige Ignorierung bzw. Bekämpfung des Christentums durch die im damaligen römischen Weltreich noch herrschende heidnische Kultur den Beweis dafür erbrachte, dass es sich bei dieser neuen Religion um eine bedeutungslose Sekte handelte. Darum sollten wir, da wir Troxlers 200. Geburtstag zu feiern uns anschicken, die Schuldigkeit empfinden, die Grösse seiner geschichtlichen Bedeutung durch den Hinweis darauf sichtbar zu machen, dass, da heute die zur Masslosigkeit übersteigerte technizistisch-industrialistische Entartung der Zivilisation uns mit der Zerstörung der Erde und der Selbstvernichtung der Menschheit durch den Krieg aller gegen alle bedroht, das, was sich für Troxler als die Schau einer erlösenden Zukunftswandlung erbildet hatte, in unserem Jahrhundert ihre tatsächliche Verwirklichung erfahren hat.

Literaturverzeichnis

Max Widmer

Die wichtigsten Schriften Troxlers

1.	Über das Leben und sein Problem	1807
2.	Elemente der Biosophie	1808
3.	Blicke in das Wesen des Menschen	1812
4.	Schweizerisches Museum	1816
5.	Philosophische Rechtslehre	1820
6.	Fürst und Volk	1821
7.	Anzeigen des Lehrvereins Aarau	1823-26
8.	Naturlehre des menschlichen Erkennens oder Metaphysik	1828
9.	Logik, die Wissenschaft des Denkens und Kritik aller Erkenntnis	1829
10.	Die Gesamthochschule der Schweiz und die Universität Basel	1830
11.	Die eine und wahre Eidgenossenschaft	1833
12.	Über die Idee und das Wesen der Universität in der Republik	1834
13.	Vorlesungen über Philosophie	1835
14.	Die letzten Dinge der Eidgenossenschaft	1839
15.	Der Kretinismus in der Wissenschaft	1844
16.	Die Verfassung der Vereinigten Staaten von Nord-Amerika als Musterbild der Schweizerischen Bundesreform	1848
17.	Der Atheismus in der Politik des Zeitalters	1850

Ein Gesamtverzeichnis der Schriften Troxlers, sowie der Quellen und Literatur über Troxler liegt vor in der Troxler-Biographie von Emil Spiess 1967. Ausserdem hat Emil Spiess eine Bibliographie in 33 Bänden erstellt, welche die gesamte Dokumentation zu Werk und Leben Troxlers enthält. Sie ist in vervielfältigten Exemplaren in der Landesbibliothek Bern und in den bedeutendsten Bibliotheken der Schweiz vorhanden.

Dissertationen über Troxler

Jakob Gamper	I.P.V. Troxlers, Leben und Philosophie Bern 1906
Edmund Endrich	I.P.V. Troxlers Logik und Erkenntnistheorie Erlangen 1911
Alfred Goetz	Troxler als Politiker Schweizer Studien zur Geschichtswissenschaft Zürich 1915
Hans Erhard Lauer	I.P.V. Troxler Ein schweizerischer Philosoph Ein Beitrag zur Geschichte der idealistischen Philosophie, Wien 1921 Manuskript
Iduna Belke	Troxler, sein Leben und Denken Neue deutsche Forschungen Abt. Philosophie Bd. 7 Berlin 1935
Alfred Wohlwend	Troxlers Gedanken über Erziehung und Unterricht, Zürich 1948
Peter Schneider	Troxler und das Recht Zürich 1948

Nachrufe und Würdigungen im 19. Jahrhundert

Joseph Ludwig Aebi	I.P.V. Troxler, ein Nekrolog, Luzern 1866
August Feierabend	Dr. I.P.V. Troxler Nekrolog 1866 Actes de la Société helvétique des sciences naturelles 50ième session Neuchâtel
Alexandre Daguet	Troxler, le philosophe et publiciste national, SA aus dem Journal de Genève 1866
Charles Secrétan	P.V.I. Troxler Galerie Suisse, Biographies nationales Tome III, Lausanne 1880
Charles Secrétan	Sur les Idées de Troxler Bibliothèque universelle Genève 1875
Alfred Hartmann	I.P.V. Troxler Galerie berühmter Schweizer der Neuzeit Band I, Zürich 1882
Otto Liebmann	I.P.V. Troxler Allgemeine Deutsche Biographie Band 38, Leipzig 1894

Troxlerliteratur im 20. Jahrhundert

Steiner Rudolf
Die Rätsel der Philosophie Band 2,6. Auflage Dornach 1926   1901

Steiner Rudolf
Vom Menschenrätsel
Eine vergessene Strömung im deutschen Geistesleben
3. Auflage Dresden 1936   1916

Aeppli Willi
Troxler als Erzieher
»Menschenschule« Monatsschrift für Erziehungskunst im Sinne
Rud. Steiners. 1. Jahrgang No. 12 Basel 1927   1927

Aeppli Willi
Aufsätze über den Philosophen und Pädagogen I.P.V. Troxler
Zbinden und Hügin Basel   1929

Wyss Alfred
Lebensbilder bedeutender Luzerner Politiker vor 100 Jahren   1936

Aeppli Willi
Troxler-Sondernummer der »Menschenschule« Monatsschrift für
Erziehungskunst im Sinne Rud. Steiners Jg. 11 No. 4/5 Basel 1937   1937

Fueter Eduard
I.P.V. Troxler. Grosse Schweizer. Atlantis-Verlag Zürich 1938   1938

Eymann Friedrich
Das Schweizerische Geistesleben in der Krise der Gegenwart,
8. Kapitel. Troxler Verlag Bern 1943   1943

v. Greyerz Hans
Versuch über Troxler
Der Philosoph und der Staat der Regeneration, Archiv
d. Historischen Vereins des Kantons Bern   1948

Belke Iduna
Der Briefwechsel zwischen I.P.V. Troxler und Karl August
Varnhagen 1815-1858 mit Biogr. Einleitung. Sauerländer Aarau 1953   1953

Mittler Otto
I.P.V. Troxler, Biographisches Lexikon des Aargaus,
Sauerländer Aarau 1958   1958

Spiess Emil
I.P.V. Troxler
Der Philosoph und Vorkämpfer des Schweiz. Bundesstaates.
Francke Verlag Bern/München 1967   1967

Drack Markus
Der Lehrverein Aarau 1819–1830 Argovia 79, Sauerländer Aarau 1967   1967
Güntensperger Albert
Die Sicht des Menschen bei I.P.V. Troxler,
Francke Verlag Bern/München 1973   1973

Hanspeter Müller

Schule — Selbstzweck oder Lebenshilfe?

121 Seiten
Paperback
14×21 cm
Fr. 18.—
1978
ISBN 3 85768 006 7

Was leistet die Schule für die Allgemeinbildung? Ist sie nicht ein abgeschlossener Bezirk geworden, vorab den herkömmlichen Fächern und nicht den Bildungsbedürfnissen der jungen Menschen verpflichtet?

Ein Abriss der Schulgeschichte zeigt, dass noch heute der Lehrplan mit Hilfe der Maturitäts-anerkennungsverordnung unser dreigliedriges Schulsystem (Gymnasium, Real- bzw. Sekundar-schulen und Oberprimarschulen) bestimmt. Dieser Lehrplan widersetzt sich weitgehend der Reform. Hingegen gibt es Möglichkeiten der inneren Schulreform: die Schule kann Hilfen fürs Leben vermitteln. Das stellt der Autor mit realisierbaren Ideen überzeugend dar.

Das Buch wendet sich an Berufsberater, Eltern und Bildungspolitiker.

Dr. phil. *Hanspeter Müller* ist Direktor des Kantonalen Lehrerseminars und Lehrbeauftragter für Pädagogik an der Universität Basel.

Politische und wissenschaftliche Verantwortung im Atomzeitalter

96 Seiten
Paperback
14×21 cm
Fr. 11.80
1978
ISBN 3 85768 004 0

Autoren und Inhalt:

Vorwort des Herausgebers Dr. phil. *Rolf Kugler* (Verleger)

Dr. phil. *Hans Erhard Lauer* (Schriftsteller): Verantwortung in Kultur, Politik und Wirtschaft

Dr. Dr. h. c. *Walter Heitler* (Physikprofessor): Die Verantwortung des Wissenschaftlers

Dr. phil. *Andrea Melchior (Stadtpräsident von Chur): Politik im Widerstreit der Interessen*

Dr. phil. *Fritz Hans Schwarzenbach* (Biologe): Stichwort «Kernprozesse». Ein Stück unbewältigter Gegenwart im Spiegel persönlicher Notizen

Fridolin Forster (Konstrukteur): Atomtechnik ohne Verantwortung

Gibt es eine Rettung aus der globalen Bedrohung unserer Existenz? Die fünf renommierten Autoren setzen sich mit dieser Frage auseinander. Sie sind überzeugt, dass verantwortungsbewusste Menschen weder resignieren noch kapitulieren müssen.

Hans Erhard Lauer

Die Schweiz zwischen heute und morgen

Zur Lösung ihrer politischen und gesellschaftlichen Probleme aus gesamtheitlicher Sicht

81 Seiten
Paperback
14×21 cm
Fr. 12.—
ISBN 3 85768 007 5

Aus dem Inhalt: Demokratie in der Krise/ Zur Entstehung des modernen Staates/Die Folgewirkungen der modernen Industriegesellschaft/Erhebung vom Fall in die Entmenschlichung/Die gesellschaftlichen Forderungen der Zukunft.

Ist es berechtigt, von einer Krise der Demokratie zu sprechen? Immer mehr Bürger entziehen sich der Ausübung ihrer Rechte und Pflichten. Sie fühlen sich einerseits überfordert, andrerseits übergangen von Regierung und Verwaltung. Ist nicht der Staat überfordert? Der Autor bejaht diese Frage mit dem Hinweis auf das Übermass von Aufgaben, die dem Staat in unserm Jahrhundert zugewachsen sind.

Die Ausführungen des Buches beziehen sich speziell auf die Schweiz, aber von einem übergeordneten universalgeschichtlichen Gesichtspunkt aus. Sie verdienen es, in die Diskussion über die Totalrevision der Bundesverfassung einzufliessen.

Dr. phil. *Hans Erhard Lauer* lebt als Schriftsteller und Dozent in Basel.